¡BIENVENIDO A TÚNEZ!

Anfiteatro de Sbeïtla.

Cierre los ojos por un momento y piense en Túnez... Los embriagadores aromas de las especias, el folclore de una capital generosa, el descanso sobre la cálida arena, los misterios de un desierto desconocido, los dedos calientes por el té de menta o pegajosos por suculentos pasteles, y pasarse las horas regateando y sonriendo con los vendedores del zoco. No hay ninguna duda de que tantas maravillas han convertido rápidamente el país en un destino de fantasía. Sus guías aparecen en todos nuestros quioscos, ya que Túnez se ha convertido en un templo del turismo, pero su imagen a veces le juega malas pasadas. ¿Un paraíso desnaturalizado? Ni mucho menos. Este destino tiene muchos otros tesoros que ofrecer y quien se lance a explorarlo descubrirá que la imagen de postal y los tópicos que tan a menudo se aferran a él no son reales. Los habitantes de este país, tan tranquilos y orgullosos como el propio paisaje, han sabido conservar lo que la historia les ha dado: un rico patrimonio compuesto por una tierra de contrastes, impregnada de islam e influenciado por Occidente, donde tradición y modernidad se desafían y se aceptan al mismo tiempo. Se sentirá como un niño mimado tomando cócteles fríos junto a la piscina o en la playa, paseando por el desierto a sus anchas, disfrutando de tratamientos de talasoterapia y disfrutando del aroma de los jazmines y buganvillas en plena floración. Pero no olvide que bajo los cimientos de los monstruos de hormigón que son los complejos hoteleros, se esconden tesoros inexplorados y otro cóctel que saborear tan cálido como las cenizas de Elyssa. Este es el Túnez que descubrirá durante su viaje: auténtico, acogedor y lleno de misterios y de pueblos vírgenes.

Sidi Bou Saïd.

ÍNDICE

Vista panorámica de Susa.

TÚNEZ

MAR MEDITERRÁNEO

Golfo de Hammamet

Islas Kerkennah

Cabo Bon
Kélibia
El Haouaria
Metline
Douala
Korba
Nabeul
NABEUL
Golfo de Túnez
Cartago
Hammamet
ARIANA
Ariana
Susa
SUSA
Monastir
MONASTIR
Mahdia
Chebba
MAHDIA
Mokrine
Ksour Essef
Jebinyana
Bizerte
BIZERTE
Cabo Blanco
Met;Jne
BEN AROUS
Ben Arous
TÚNEZ
ZAGHOUAN
Zaghouan
El Fahs
Enfidha
M'saken
El Jem
Doukhane
Sfax
SFAX
Mateur
Tinja
Nefza
BEJA
Beja
Mejez El Bab
Bouhajla
Cherarda
Bir Ali Ben Khlifa
Naqta
Skhira
Golfo de Cabo
Tabarka
JENDOUBA
Jendouba
Es-sers
SILIANA
Siliana
Makthar
Oued Siliana
El Téléte
Hajeb El Ayoune
Kairuan
KAIRUAN
Sidi Bouzid
SIDI BOUZID
Mazzouna
B Téla
Ain Draham
Mejerda
EL KEF
El Kef
Tajerouine
Thala
Sbeitla
KASSERINE
Feriana
Gafsa
GAFSA
Laqiab
Kasserine
1544m
Metlaoui
Tamerza
Chott El Gharsa

ARGELIA

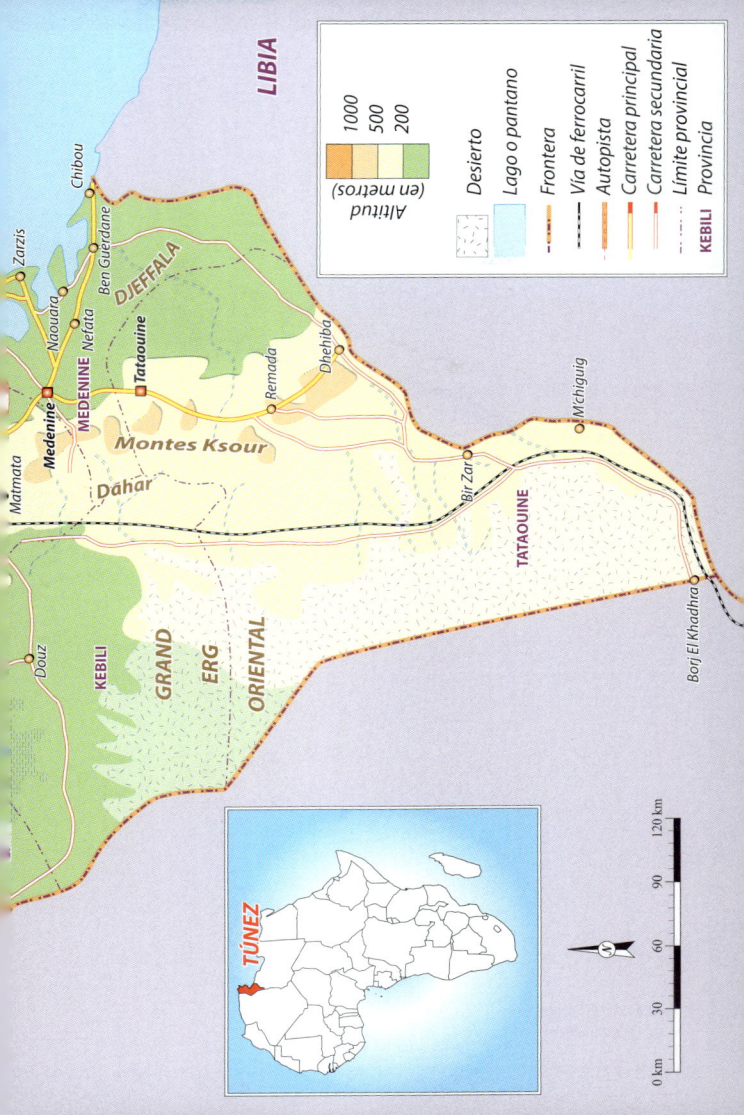

Caravana en el Sáhara.

DESCUBRE

LO MÁS DESTACADO DE TÚNEZ

Sol durante todo el año

El sol nunca desaparece y está presente una media de ocho horas al día. En Túnez, tanto durante el frío invierno como durante el caluroso verano, el sol brilla en el cielo y en el corazón de la gente.

Cambio de aires garantizado

Los paisajes de Oriente viven en nuestros sueños y nuestra imaginación. En Túnez estos tópicos se hacen realidad: desde la pequeña y remota tienda con su despliegue de verduras y especias a los zocos llenos de color y vida en esas callejuelas donde uno debe perderse; desde los burros que transportan despreocupadamente a toda una familia a los camellos que se contonean por las infinitas dunas de arena; desde los coches de caballos a las palmeras que se disputan el cielo, pasando por las olas que buscan tierra constantemente. Repleta de colores, sensaciones y olores de los que nunca se cansará.

Destino de bienestar

La talasoterapia, la balneoterapia, los balnearios y otras curas rejuvenecedoras ofrecen cada vez más opciones a los viajeros que vienen en busca de la relajación. Tanto si solo desea recuperar energías tras un año de trabajo como si busca un tratamiento adaptado a un problema de salud más serio, aquí siempre encontrará la terapia adecuada. Es el segundo destino más popular del mundo en esta área. La calidad de los cuidados y las instalaciones gozan de reconocimiento internacional y los precios siguen siendo asequibles.

Riqueza cultural

Túnez cuenta con las huellas de un pasado rico, poderoso y turbulento. Por todo el país se hallan vestigios de civilizaciones brillantes: bereberes, fenicios, cartagineses, romanos, bizantinos, árabes… Su patrimonio arqueológico es especialmente notable y las investigaciones no dejan de revelar nuevos secretos. Los amantes de las piedras antiguas, de la historia y de los museos quedarán encantados. La cultura contemporánea también está representada con un sinfín de festivales programados desde abril, principalmente en verano, hasta diciembre. Túnez tiene algo para todo el mundo.

Hospitalidad

La acogida tunecina es legendaria: «Sed bienvenidos» es el lema de esta gente tan acogedora y risueña. Perderán la cuenta del número de personas que les invitan a degustar cuscús en sus casas aunque acaben de conocerlos. A los tunecinos les encanta que los extranjeros se interesen por su país y están encantados de charlar con los turistas.

FICHA TÉCNICA

País

- **Nombre oficial:** República de Túnez.
- **Capital:** Túnez.
- **Superficie:** 163 610 km².
- **Idioma oficial:** árabe.

Población

- **Población:** aproximadamente 12 407 600 habitantes (2024).
- **Densidad:** 75,8 habitantes/km².
- **Tasa de natalidad:** 13,5‰ (2024).
- **Tasa de mortalidad:** 6,4‰ (2024).
- **Esperanza de vida:** 77,3 años (2024).
- **Tasa de alfabetización:** 82,7 %.
- **Religión:** musulmana (98 %).

Economía

- **Moneda:** dinar tunecino.
- **PIB:** 44 880 millones de euros (2023).
- **PIB/habitante:** 3660 euros (2023).
- **PIB/sector:** primario, 9,5 %; secundario, 23,5 %; terciario, 62,1 %.
- **Tasa de crecimiento:** 0,4 % (2023).
- **Tasa de desempleo:** 15,1 % (2023).
- **Tasa de inflación:** 9,3 % (2023).

© MAXXATEUSA – ISTOCKPHOTO.COM

Oasis de Chebika.

Playa de Hammamet.

Huso horario

Misma hora que en España en invierno y una hora menos en verano.

Clima

Gracias al sol, Túnez garantiza una estancia muy agradable en todas las estaciones. Sin embargo, cada región tiene sus propias características.

▶ **Cerca de la costa,** el clima es agradable en primavera y en otoño, y más cálido en verano, con una brisa marina en las playas. Podrá meterse en el agua hasta octubre o incluso noviembre.

▶ **En el norte** llueve con bastante frecuencia en invierno y en primavera.

▶ **En el sur** hay un clima muy caluroso y seco en verano y por las noches puede refrescar. Por otro lado, hace buen tiempo en otoño y un tiempo agradable en invierno, pero las noches son muy frías. En primavera, la temperatura es muy agradable.

LA BANDERA DE TÚNEZ

La bandera de Túnez se adoptó a mediados del siglo XIX. El fondo rojo, la estrella y la media luna son los símbolos característicos del Imperio otomano. El fondo rojo representa la sangre de los mártires y recuerda la conquista turca de 1574. El blanco simboliza la paz, mientras que la media luna representa la unidad de todos los musulmanes y los picos de la estrella, los cinco pilares del islam.

Buganvilla

Blanca, morada, púrpura, fucsia, miel... Con sus colores vivos, estas pequeñas plantas trepadoras alegran las calles del país desde la primavera hasta el otoño. Sus abundantes flores combinan tan bien con los muros encalados de las casas que es imposible no apreciarlas.

Baños turcos

Los baños turcos son un elemento típico y muy importante del mundo islámico. Están destinados a la purificación del creyente y a su higiene corporal. Pero también tienen, sobre todo, una función social. La gente va allí para lavarse, por supuesto, pero también para reunirse y hablar de las últimas novedades.

Henna

La henna (*Lawsonia inermis*) es una planta que crece en climas cálidos y secos, principalmente de Marruecos a la India, pasando por Egipto, Siria, Irán y Pakistán. Sus hojas secas y pulverizadas se utilizan en los países musulmanes para teñir el pelo, los dedos, las palmas de las manos y las plantas de los pies. El polvo de henna natural es de un bonito verde claro.

Inch'Allah

«Si Dios quiere». Esta expresión suele acompañar a muchas frases. No es raro que la gente diga: «Hasta luego» y que te respondan: «Inch'Allah». Es un fatalismo poco habitual en Occidente, pero es una gran lección de vida: no hay nada seguro, nos encomendamos a Alá.

© OCEANPROD – ADOBESTOCK.COM

Ceremonia de henna antes de la boda.

© THINKOMATIC – ISTOCKPHOTO

Medina de Túnez.

los tunecinos prefieren llamarla la Revolución de la Dignidad, ya que la primera también hace referencia a la toma del poder de Ben Ali en 1987.

Medina

Significa «ciudad» en árabe. La palabra designa ahora el casco antiguo, rodeado de murallas y cuya arquitectura depende de la Gran Mezquita, en contraposición con los barrios de construcción más reciente. Por ello, los zocos se organizan alrededor de la mezquita, con los oficios más nobles en primer lugar: perfumistas, libreros, etc., y después, a medida que nos alejamos del lugar de oración, encontramos los oficios más ruidosos o contaminantes.

Jazmín

El jazmín blanco fue traído de Oriente Próximo por los árabes en el siglo XVI. Es probable que se cruce con un vendedor vestido con una *chechia,* una camisa blanca, un chaleco bordado, unos pantalones anchos y zapatillas con un ramillete colocado entre la parte superior de la oreja y la cabeza. El ramillete de flores está ensartado en un tallo de caña y atado con hilo en forma de cono. No tardará en darse cuenta de que no es solo para los turistas: es la flor nacional y todos, hombres, mujeres y niños, la llevan a cualquier hora del día. En Túnez regalar un jazmín blanco significa «te elijo a ti». En cambio, regalar jazmín de invierno, que no tiene aroma, es señal de insolencia. En cuanto a la revolución tunecina de enero de 2011, aunque comúnmente se la conoce como la Revolución de los Jazmines,

Almuédano

Vinculado a una mezquita, este funcionario religioso musulmán llama a los fieles a la oración desde lo alto del minarete cinco veces al día. Uno siempre se sorprende al oír su canto resonando por toda la ciudad a través de los altavoces sin poder precisar de dónde procede la llamada que siempre llama la atención por su influjo sagrado. Esto sucede porque, a menudo, hay varias mezquitas en la misma zona, especialmente en la medina, por lo que los cantos de los diferentes almuédanos se superponen de forma un tanto extraña. El primer canto se entona al amanecer, por lo que las horas varían según la trayectoria del astro real.

Aceitunas

Aceituna, en árabe *zitoune.* Verá este nombre muy a menudo en Túnez: restaurante Zitoune, El Zitoune, Zitouna…

El cultivo del olivo se remonta a la época fenicia y fue desarrollado por los romanos, que organizaron el comercio. Túnez es la tierra del olivo por excelencia. El campo tunecino está salpicado de olivos, sobre todo entre Susa y Monastir, en la región de Sfax. Las mayores concentraciones de olivos se encuentran en estas regiones. Túnez cuenta actualmente con 57 millones de olivos. Es el segundo exportador mundial de aceite de oliva, después de España, y representa la mitad de las exportaciones agrícolas del país. Algunos agricultores están empezando a cultivar sus aceitunas de forma ecológica.

Zoco

No hay que confundirlo con la medina, el casco antiguo. El zoco hace referencia solo al mercado que hay allí. Se pueden encontrar zocos fuera de la medina (pregunte por la plaza del mercado), así como medinas sin zoco.

Té

A finales del siglo XVIII, sin saber qué hacer con los grandes excedentes de té acumulados en sus puestos comerciales coloniales, la Compañía de las Indias Orientales abrió nuevos mercados donde los judíos promocionaban y distribuían té verde en los puertos marroquíes. Los chinos tenían opio, los nativos americanos, aguardiente, y los magrebíes, té. En aquella época, la gente solo bebía infusiones terapéuticas de menta, salvia o mejorana. El té era un ritual social, el símbolo del placer compartido y todo el mundo lo apreciaba. Entonces se produjo un milagro que hizo feliz a la gente y enriqueció a los comerciantes: la fusión del té, la hierbabuena, el azúcar y la tetera. En medio siglo, la nueva bebida inundó Marruecos y el Sáhara antes de conquistar Argelia y Túnez, donde los turcos habían introducido el uso del café. En Túnez existen dos variedades de té: el té verde y el té rojo, más fuerte y dulce. Suele tomarse con café. La tradición es ofrecer un vaso a los visitantes.

En el zoco de Yerba.

PINCELADAS SOBRE TÚNEZ

Geografía

Situación geográfica

Se encuentra en la frontera norte del continente africano, a 220 km al sur de Sicilia, a dos horas de avión de París, una hora y media de Ginebra y 45 minutos de Roma. Limita al norte y al este con el Mediterráneo, al oeste con Argelia y al sur con Libia y el Sáhara.

▶ **Superficie:** 163 610 km². Unas tres veces menor que España y cuarenta y cinco veces mayor que Mallorca. Casi el 40 % de la superficie del país está cubierta por el desierto del Sáhara, el resto son tierras muy fértiles.

Litoral

Túnez tiene 1298 km de costa, de los cuales 600 km son playas. El litoral oriental, de Hammamet a Yerba, es el más frecuentado por los turistas.

▶ **De Hammamet a Susa** hay largas playas de arena donde se están construyendo ciudades costeras cada vez más importantes, como Hergla, con 1200 hectáreas al norte de Susa y capacidad limitada de alojamiento, pero con centros de entretenimiento y talasoterapia, un campo de golf y un pueblo tradicional; Yasmine Hammamet, terminada en 2003, y la más reciente, Mahdia, con el complejo turístico de Ghedhabna al sur.

© MARISHA_SL – SHUTTERSTOCK.COM

Playa.

▶ **De Susa a Sfax** se extiende la región del Sahel: un reino de olivos y almendros. En el norte de Túnez, en la costa que va de Bizerte a Tabarka, el paisaje se vuelve más salvaje, rodeado de acantilados y playas.

Desierto

El sur de Túnez se sumerge de lleno en el Sáhara, que abarca una parte de él. Desde el punto de vista paisajístico, es la zona más fascinante de Túnez. Si decide renunciar durante unos días a las comodidades de su hotel a orillas del mar para hacer una expedición por el desierto, se dará cuenta de que sus tres, cuatro o cinco estrellas no son nada comparadas con la miríada de astros que le reserva el mágico cielo del desierto. El desierto, con sus paisajes de dunas cambiantes modeladas por el viento y sus zonas rocosas, no deja indiferente a nadie. Numerosas agencias de viajes ofrecen excursiones en 4x4, estancias en campamentos nómadas e incluso paseos en dromedario, la mayoría salen desde Douz. En el desierto, el simún sopla con fuertes ráfagas, haciendo retroceder los límites del desierto al lanzar bocanadas de arena. Cuando este viento sorprende a los viajantes, obliga a los dromedarios a acuartelarse (tumbarse) y a los hombres a refugiarse bajo sus animales y cobijarse bajo su cheche, una larga bufanda de algodón.

Clima

La temperatura media es de 11,4 °C en diciembre y 29,3 °C en verano. Túnez, situado en la encrucijada entre Oriente y Occidente, en el extremo norte de África, al final de la cordillera del Atlas y en pleno centro de los países mediterráneos, es el país más pequeño del Magreb. En él han convivido multitud de civilizaciones y su suerte ha estado ligada a la de Europa, Asia y África. Su antigua tierra, que ha sido desgastada, arrasada, excavada y barrida a su vez por el viento mistral de Provenza, la tramontana que sopla desde Italia y el siroco del Sáhara, es hoy uno de los destinos favoritos de miles de viajeros. Este país en forma de caballito de mar tiene el vientre frente al mar, la cabeza en la vegetación y la cola enterrada en la arena. Los vestigios de su pasado y la asombrosa variedad de sus paisajes, desde los bosques de alcornoques del norte a las dunas de arena blanca del desierto en el sur, el aroma del jazmín y el perfume del té de menta, los espejismos del Sáhara y los oasis del sur le confieren un encanto inigualable. Una tierra de *Las mil y una noches* que seduce por su diversidad, sus contrastes y su belleza. El país está sometido a influencias mediterráneas y saharianas. Está dividido en siete zonas bioclimáticas que favorecen una gran variedad de prácticas agrícolas.

La Dorsal tunecina separa las zonas sometidas al clima de la costa mediterránea de las que tienen un clima árido generado por el Sáhara, lo que diferencia tanto al norte del resto del país. Las precipitaciones anuales varían de una región a otra: de 800 mm a 1000 mm en el norte y de 50 mm a 150 mm en el sur. Las precipitaciones son irregulares y se concentran en la estación fría (el 75 % del total anual). La estación estival es muy seca, debido principalmente al siroco.

El país también goza de más de tres mil horas de sol al año. En las regiones costeras, el clima es agradable en primavera y otoño y más cálido en verano, con brisa marina en las playas. Se puede bañar en el mar hasta octubre o incluso noviembre.

En el norte llueve con bastante frecuencia en invierno y primavera, y también puede hacer varios grados bajo cero en las montañas de Kroumirie. En el sur el verano es extremadamente caluroso y seco, con temperaturas que a veces rondan los 50 °C a la sombra, pero por las noches puede hacer algo de frío. Las temperaturas son muy agradables en primavera. La mejor época para visitar el sur es en invierno, cuando, a pesar de las noches frescas, durante el día hace un sol ideal para pasear por los oasis o el desierto.

Por desgracia, Túnez sufre una sequía abrumadora desde 1999. En el sur no es raro ver cómo se quema la poca vegetación que ya luchaba por desarrollarse.

Medioambiente

▶ **El urgente problema de los residuos.** La recogida, el tratamiento y el reciclaje de residuos siguen siendo insuficientes en Túnez. Prueba de ello es la incapacidad de las infraestructuras para procesar los residuos domésticos, que terminan su vida en vertederos abiertos. Esta situación genera importantes problemas medioambientales y sanitarios. Un informe de Interpol de 2020 también destaca el aumento de los flujos ilegales de residuos plásticos desde 2018 relacionado con la prohibición de importar este tipo de residuos a China. Aunque Túnez seguirá siendo uno de los países más afectados por la contaminación plástica en el mundo en 2024, el gobierno ha anunciado que la clasificación selectiva será obligatoria en los establecimientos públicos. Un pequeño paso para atajar este urgente problema.

▶ **Los retos de la agricultura.** El modelo agrícola tunecino, principalmente para la exportación, se basa en la explotación y el uso del fosfato, que se utiliza debido a la pobreza del suelo. Pero la extracción y la transformación del fosfato son muy contaminantes y consumen mucha energía. Contribuyen a la contaminación crónica del medio ambiente y se sospecha que tienen graves consecuencias para la salud. El regadío agrícola es la principal fuente de consumo de agua en un país muy vulnerable al estrés hídrico y con fugas en las redes. El bombeo excesivo de agua en algunas zonas ha provocado que el agua no sea apta para el consumo debido a la salinización. La guerra de Ucrania ha acelerado el tema del autoabastecimiento. Túnez, el antiguo granero de Roma, sufre un gran escasez de agua.

▶ **Hacer frente al cambio climático.** Túnez es uno de los países mediterráneos más vulnerables al cambio climático. Podría agravar la erosión costera, el estrés hídrico y aumentar la frecuencia e intensidad de los fenómenos extremos, como sequías e inundaciones. También supone una amenaza de desertificación. Túnez ha ratificado los Acuerdos de París y se ha comprometido a lograr la neutralidad de carbono para 2050, con un objetivo de producción de energía renovable del 30 % para 2030.

© SKANDER ZARRAD – ISTOCKPHOTO.COM

Oryx en el Parque Nacional de Bouhedma.

Flora y fauna

Fauna

▶ **En la tierra.** Túnez alberga 78 especies de mamíferos, de las cuales 28 son especies poco comunes y siete están protegidas o en peligro de extinción, como el león del Atlas (extinguido en 1927) y el guepardo. El país es conocido mundialmente por su diversidad de reptiles, entre ellos, la lagartija cola de látigo, la cual se caza y se mata para venderla disecada a los turistas o por su carne curativa. Túnez ha visto desaparecer muchas especies, como los elefantes, los guepardos y los linces. Felinos salvajes como los leones, panteras, leopardos, etc., llevan extinguidos desde hace casi un siglo. La Sociedad Tunecina de Protección de los Animales ha establecido un programa de conservación y cría de especies amenazadas.

Actualmente están intentando reintroducir algunos de ellos, como los muflones y los antílopes. En el desierto encontramos lagartos, roedores, serpientes y escorpiones, con algo más dificultad fénecs, o zorros del desierto, y, con mucha facilidad, dromedarios. Durante el festival de Douz, se honra al sloughi, llamado también el «galgo del desierto». Es más pequeño que el de nuestras regiones y es muy preciado para la caza menor para capturar presas. Elegante y majestuoso, este lebrel de pelo corto es el único perro tolerado en las tiendas beduinas. También conocido como «lebrel del desierto», este canino de constitución frágil es una de las razas de lebreles menos comunes de Occidente. Al suroeste de Bizerte, 75 km al norte de Túnez, en el Parque Nacional de Ichkeul, se encuentran el búfalo de agua, el jabalí, que deambula a las puertas del desierto, el puercoespín y la nutria.

En Yerba se pueden encontrar mangostas, chacales, hienas, reptiles, fénecs y dromedarios. En el Parque Nacional de Chaâmbi viven gacelas, muflones, hienas, águilas, buitres y halcones.

▶ **En el aire**. Se han registrado 352 especies de aves en Túnez. Esta fauna se compone de especies sedentarias y de aves migratorias en invierno que llegan a los humedales. El país cuenta con numerosos parques nacionales donde es posible observar la fauna local. Clasificado como reserva de la biosfera en 1977 por la Unesco, el Parque Nacional de Bou Hedma, al suroeste de Sfax, alberga en su sabana aves zancudas como la avutarda, cuya carne es muy preciada, y dos especies de antílopes, el addax y el oryx, en la zona de las altas estepas. También se ha introducido el avestruz. En el Parque Nacional de Ichkeul se registran muchas especies de aves en invierno. En las marismas del golfo de Gabes se reúnen flamencos rosas, gaviotas y limícolas. Las águilas y los halcones también sobrevuelan el cielo tunecino. Yerba también sirve de parada para ciertas aves migratorias, como los flamencos rosas.

▶ **En el mar.** La fauna marina sigue siendo poco conocida, faltan estudios sobre este tema. Sin embargo, las aguas tunecinas tienen una gran población de invertebrados: moluscos, crustáceos, esponjas… La población de vertebrados que puebla sus aguas está compuesta por mamíferos, aunque la foca monje parece haber desaparecido. El golfo de Gabes está repleto de aves marinas. Las tortugas marinas están protegidas. También hay 59 especies de peces cartilaginosos y 227 especies de peces óseos de las 532 que existen en el Mediterráneo.

Flora

La presencia de vegetación en Túnez depende de su resistencia a la sequía, especialmente durante el verano, ya que los vientos cálidos del sur suponen una grave amenaza para las plantas y los árboles.

Con sus hojas pequeñas y rugosas que limitan la evaporación, los alcornoques, las encinas y los olivos son muy resistentes. El pino carrasco también es muy resistente. Son las plantas herbáceas las que sufren, se marchitan y se secan. Entre el Sahel mediterráneo y el Sáhara, solo resisten el esparto, una hierba utilizada en la fabricación de cuerdas, alpargatas o papel de imprenta, y el cáñamo, cuyas hojas se utilizan para fabricar tejidos.

En el desierto, las hierbas perennes penetran en el suelo hasta varios metros para almacenar la humedad y resistir al siroco. El tamarisco permite el paso del viento a la vez que proporciona sombra, por lo que los vivacs se hacen generalmente cerca de los puntos de agua en las zonas donde crece el tamarisco. Por la noche, la madera muerta es muy útil para preparar hogueras.

Las palmeras datileras crecen alrededor de los lagos el-Djérid, El Fejej y El Rharsa gracias a las aguas subterráneas. Yerba y la península de Zarzis se libran de la sequía gracias a la corona mediterránea.

En resumen, la flora tunecina comprende principalmente: en el norte, alcornoques, eucaliptos, madroños, pinos y tuyas; en la región del Sahel, olivos y naranjos; en el sur, oasis de palmeras datileras, así como cactus, cardos, arbustos espinosos; y, en todas partes, la chumbera.

HISTORIA

Túnez romana (146 a. C.-439 d. C.)

En el año 46 a. C., César se anexionó el reino númida. Fue rebautizado como «África consular»: se trataba de la actual Túnez y la franja costera de Tripolitania, la actual Libia. Los romanos construyeron gigantescas obras hidráulicas y una inmensa red de carreteras. El África consular se convirtió en una de las regiones más prósperas del Imperio romano. Era el granero de Roma. Augusto, sucesor de César, emprendió la reconstrucción de Cartago.

Pero con el declive del Imperio romano, la región atravesó un periodo de gran agitación en los siglos IV y V.

Túnez vándala y bizantina (429-647)

En el 429, la tribu germánica de los vándalos se apoderó de Cartago. Pero la caída de su poder fue rápida y los romanos, que se habían establecido en Bizancio, la actual Estambul, volvieron a apoderarse del territorio.. Tuvieron que defender de las tribus bereberes y de las invasiones marítimas. Todavía hoy pueden verse numerosas construcciones defensivas bizantinas de este periodo.

Túnez aglabí (800-909)

En el siglo VII, la provincia fue atacada por los árabes musulmanes y Cartago cayó en el 698. Bajo la dinastía árabe aglabí (800-909), Kairuán se convirtió en un importante centro de cultura islámica. Fue una época de prosperidad: regadío, agricultura, artesanía y comercio transahariano con Sudán.

Túnez fatimí y zirí (909-1148)

Enfurecidos por el estilo de vida disoluto de los aglabíes, los chiíes convirtieron a un gran número de bereberes y derrocaron a esta dinastía en el 909. Fundaron la dinastía fatimí, llamada así por Fátima, hija del Profeta.

En el siglo X, Egipto pasó a ser fatimí y El Cairo fue su nueva capital. Pero las tribus beduinas de los Banu Hilal acabaron arruinando el país. Aprovechando estos problemas, los normandos, que se habían apoderado de Sicilia en 1072, ocuparon los principales puertos tunecinos entre 1143 y 1148. La dominación de los normandos llegó a su fin en 1159, cuando el conquistador almohade Abd el Mumin, procedente de Marruecos, completó la unificación del Magreb al conquistar Túnez.

Túnez hafsí (1159-1534)

En el siglo XIII, los almohades nombraron un gobernador, Abu Zakariyya, que proclamó la independencia y fundó el reino hafsí (1236-1534). Estableció su capital en Túnez.

Bajo la dinastía hafsí, Túnez alcanzó su apogeo. Era la principal potencia del Magreb.

Desarrolló el comercio con países europeos y con África occidental. El reino se benefició de la llegada de los andalusíes que huían de una España cada vez más cristianizada.

Pero tras el auge de los primeros reinados, la dinastía empezó a decaer y se derrumbó por completo en 1534.

Túnez turco (1534-1704)

En 1534, el corsario turco Barbarroja se apoderó de Bizerta, Túnez, Kairuán y los puertos de la costa oriental. Debido a la amenaza directa, los españoles organizaron una expedición con Carlos V en 1535 y ocuparon Túnez. La ciudad no fue liberada hasta cuarenta años más tarde y Túnez se convirtió en una provincia otomana gobernada por un bajá con beys, ministros de finanzas, y deys, jefes del ejército.

En 1590, este régimen fue derrocado por los deys. Murad Bey y su hijo Hammuda Pachá fundaron la dinastía hereditaria muradita.

Esta fue derrocada a principios del siglo XVIII por Hussein Ben Ali Tourki, turco de origen griego, que fundó la dinastía husainí.

Túnez husaíní (1710-1881)

A comienzos del reinado husaíní, la economía prosperó, sobre todo gracias a la piratería, que proporcionaba al país su principal fuente de ingresos.

Apareció una clase mercantil burguesa bien educada, formada por turcos, andalusíes y judíos procedentes de España e Italia. Hammuda Pachá (1777-1813) mandó construir palacios como el de Manouba. A finales del siglo XVIII, el bey era un verdadero soberano independiente del Imperio otomano.

Francia ocupó Argel en 1830 y Constantina en 1837. Su interés por Túnez aumentó. Las hambrunas y las epidemias debilitaron la regencia y favorecieron la invasión francesa. Los beys recurrieron a consejeros extranjeros e intentaron modernizar las instituciones, pero los impuestos aumentaron, lo que provocó la revuelta de 1864. Túnez se vio entonces obligado a ponerse bajo la supervisión de una comisión financiera anglo-franco-italiana, lo que lo convirtió en una potencial presa para estos tres países.

Protectorado francés (1881-1957)

Utilizando como pretexto las incursiones en Argelia, Jules Ferry envió una expedición punitiva y las tropas francesas impusieron al bey el Tratado del Bardo (12 de mayo de 1881) «para garantizar el restablecimiento del orden y la seguridad de la frontera y del litoral». A continuación, la convención de La Marsa (8 de junio de 1883) consolidó el régimen de protectorado: el bey debía dejar en manos de Francia la defensa nacional, la política exterior y la reforma administrativa.

Pronto todo el país quedó bajo el control francés. La construcción de ferrocarriles y puertos y el desarrollo de los olivares favorecieron la expansión económica del país.

La resistencia tunecina comenzó en 1907 con el partido de los Jóvenes Tunecinos, formado por intelectuales que habían estudiado en París. Pero este movimiento tuvo dificultades para convocar a la población.

En 1920 se fundó un nuevo partido político, el Partido Liberal Constitucional o Destour. Fue ahí cuando Habib Burguiba entró en escena decidido a reformar el país y restaurar la cultura islámica. En 1924 se marchó a estudiar a París. A su regreso, su compromiso con la independencia empezó a tomar forma. Dirigió el partido en una dirección puramente tunecina, liberal y laica, y a raíz de varios desacuerdos en el seno del partido, Burguiba abandonó el Destour y formó el Neodestour (marzo de 1934).

Ruinas romanas de Sbeitla.

Seis meses después, los franceses lo declararon ilegal y detuvieron a Burguiba. Pasó dos años en prisión. Fue liberado en 1936 por el gobierno de Léon Blum, pero fue detenido de nuevo en 1938 y deportado a Francia hasta 1942, cuando fue liberado por los alemanes. En 1945 viajó a El Cairo, donde acababa de fundarse la Liga Árabe, y luego recorrió el mundo en busca de apoyo.

En septiembre de 1949 regresa a Túnez, donde recibe una acogida triunfal y se incorpora al gobierno del bey.

En 1950, los franceses estaban dispuestos a entablar negociaciones con Burguiba, pero cambiaron bruscamente de opinión. Burguiba llamó entonces al pueblo a la lucha armada. Fue detenido y encarcelado de nuevo en 1952, pero esto no detuvo la violencia. Tras dos años de disturbios, Pierre Mendès-France desembarcó en Cartago y reconoció la autonomía interna del Estado tunecino en su discurso de Cartago.

Los convenios se firmaron en 1955. El 1 de junio de 1955, Burguiba fue recibido triunfalmente por la población y por el bey.

El 20 de marzo de 1956, Francia reconoció la independencia total de Túnez. El partido Neodestour obtuvo una mayoría aplastante en las elecciones de abril de 1956. Burguiba se convirtió en jefe de Gobierno y el 25 de julio de 1957 proclamó el fin de la monarquía bey y la instauración de la república.

Desde la independencia hasta nuestros días

Túnez adoptó un enfoque favorable al progreso y la modernidad y Burguiba fue el protagonista.

Ya en 1956, Burguiba abolió la poligamia, proclamó la igualdad entre hombres y mujeres y prohibió el repudio.

Túnez emprendió un desarrollo global y planificado: infraestructuras económicas y sociales, educación y sanidad pública. Fue una isla de estabilidad y un modelo de moderación en un mundo árabe desgarrado por los conflictos.

Pero Burguiba estableció un culto a su persona y aterrorizó a su entorno y a su gobierno. El país se rebeló y las revueltas se volvieron sangrientas. En 1978 y luego en 1984, Burguiba intentó salvar la situación destituyendo a su primer ministro, Zine el-Abidine Ben Ali, quien más tarde asumiría el poder. El 7 de noviembre de 1987 tuvo lugar el golpe de Estado médico: un grupo de siete médicos firmó un informe médico en el que se declaraba que el presidente Burguiba era incapaz de gobernar. Esta jubilación forzosa fue vista internacionalmente como lo que en verdad fue, un auténtico golpe de estado: el primer ministro Zine el-Abidine Ben Ali acababa de destituir a Burguiba.

▶ **Los años de Ben Ali.** Nada más tomar posesión el 7 de noviembre de 1987, el nuevo presidente anunció «una nueva era para Túnez. Una sociedad justa, equilibrada y democrática». Las primeras medidas parecían ir en esa dirección. Se modificó la Constitución para abolir la presidencia vitalicia.

Se modificó el Código Electoral y la oposición entró por primera vez en la Cámara de los Diputados en 1994. Además, Ben Ali se tomó la lucha contra el fundamentalismo como una batalla personal. Afirmó su compromiso con la emancipación de la mujer, anunció su no aceptación definitiva del partido islamista tunecino y adoptó una actitud represiva implacable contra el integrismo, con lo que se ganó durante todo su reinado el apoyo de Occidente, en particular de Francia.

También tuvo éxito en el plano económico. En 1995, Túnez firmó un acuerdo de asociación con la Unión Europea. El gobierno reforzó y fomentó la creación de empresas. También se creó un fondo nacional de solidaridad para mejorar las condiciones de vida en las zonas desfavorecidas. El país disfrutó de un periodo de crecimiento económico excepcional, el más fuerte del continente africano. Ben Ali también reformó el sistema educativo, haciendo obligatoria la escolarización hasta los dieciséis años y logrando una

Vista desde la colina de Byrsa.

tasa de escolarización de casi el 99 %. Sin embargo, tras estos éxitos se escondía un régimen cada vez con más censura. Violaciones de los derechos humanos, libertad de expresión y de prensa prácticamente inexistentes, intimidación y acoso de los opositores políticos, elecciones cuya legitimidad quedaba en entredicho... Mientras la situación se complicaba en un país asolado por el paro, a los tunecinos les costó cada vez más aceptar al presidente y al clan familiar que lo rodeaba, concretamente a su familia política, los Trabelsi, que a menudo era calificado de mafioso. El quinto mandato de Ben Ali se interrumpió abruptamente en 2011, aunque tenía previsto presentarse a un sexto en 2014.

▶ **La Revolución de los Jazmines y la caída de Ben Ali.** En enero de 2011, Túnez vivió una convulsión histórica. Las violentas protestas populares, que comenzaron en diciembre de 2010, se extendieron tanto que el 14 de enero de 2011 provocaron la caída del presidente Ben Ali, que abandonó precipitadamente el país tras veintitrés años en el poder. La primera oleada de protestas comenzó en Sidi Bouzid el 17 de diciembre de 2010, en el centro del país, una de las regiones más desfavorecidas de Túnez, tras la protesta del vendedor de frutas y verduras Mohamed Bouazizi, que se prendió fuego para protestar contra la confiscación de sus productos por la policía.

En otras ciudades del centro del país (Gafsa, Kasserine, Gabes, etc.) surgieron espontáneamente manifestaciones de apoyo para denunciar el desempleo, la injusticia social, el nepotismo y la corrupción. En pocos días, estas manifestaciones aisladas se extendieron por todo el país: Susa, Sfax y Túnez.

Para sofocar las revueltas, la policía, el brazo armado del régimen de Ben Ali, llevó a cabo una violenta represión que dejó varias decenas de muertos: más de 238 en total. Fue entonces cuando Michèle Alliot-Marie, ministra francesa de Defensa, ofreció ayuda logística a la policía tunecina, lo que se interpretó como un apoyo francés al régimen de Ben Ali, pero las reivindicaciones continuaron y se convirtieron en una revolución a gran escala que denunciaba el régimen de Ben Ali. Los manifestantes exigieron explícitamente la dimisión del presidente. Ni siquiera las promesas de Ben Ali de que dejaría el poder al final de su mandato, de que emprendería reformas para impulsar el empleo o de que organizaría elecciones legislativas anticipadas aplacaron la insurrección. Ben Ali ordenó al ejército que interviniera y disparara contra la multitud, pero el general Rachid Ammar se negó y se puso del lado de los manifestantes. La situación llevó a Ben Ali a huir de Túnez el 14 de enero de 2011 y exiliarse en Arabia Saudí. El depuesto presidente dejó tras de sí un país exultante, que afirmaba haber recuperado la libertad, pero que seguía bajo tensión. La revolución tunecina acababa de producirse y fue un ejemplo a seguir para otros pueblos árabes. La Primavera Árabe acababa de comenzar.

▶ **Una transición en tensión.** Las primeras elecciones libres del país, celebradas el 23 de octubre de 2011 para determinar la composición de la Asamblea Constituyente, se saldaron con una mayoría a favor del partido islamista Ennahda.

Se formó una coalición con dos partidos laicos y a finales de 2011 se firmó un acuerdo para compartir el poder. Moncef Marzouki fue elegido presidente de la República y Mustafá Ben Jafaar fue nombrado presidente de la Asamblea. El cargo de primer ministro recayó en el secretario general de Ennahda, Hamadi Jebali, cuyo partido ostentaba la mayoría de las carteras ministeriales y de los puestos del alto funcionariado. El 13 de marzo de 2013, Jebali le cedió finalmente el puesto a Ali Larayedh, de su mismo partido. Una Asamblea Constituyente de 217 miembros fue elegida para redactar la nueva Constitución. Dos años y tres meses de minucioso trabajo y difíciles acuerdos culminaron finalmente con la adopción, el 26 de enero de 2014, de este esperado texto, sucesor del Acta Constitutiva del 16 de diciembre de 2011, que organizó temporalmente los poderes públicos tras la suspensión de la Constitución de 1959. Esto marcó un nuevo camino para Túnez, que supuso la salida como jefe de Gobierno de Ali Larayedh, sustituido por Mehdi Jomaa, independiente. En cuanto a las elecciones legislativas y presidenciales, tras ser aplazadas varias veces, finalmente se programaron para finales de 2014. Tras la segunda vuelta, Béji Caïd Essebsi fue elegido presidente de la República por sufragio universal.

▶ **Democracia bajo ataque terrorista.** La democracia tunecina sufrió duros ataques en 2015. El 18 de marzo, un tiroteo frente al Parlamento tunecino seguido de otro tiroteo contra autobuses turísticos y una toma de rehenes en el Museo Nacional del Bardo dejó un saldo de veinticuatro personas muertas: veintidós víctimas y dos terroristas. El Estado Islámico reivindicó la autoría al día siguiente. Apenas tres meses después, un tiroteo en una playa y en dos hoteles turísticos sumió al país en la confusión. En Port El-Kantaoui, los turistas fueron el blanco de un atentado en el que murieron 38 de ellos. Por último, el 24 de noviembre, los ataques volvieron con más fuerza y una bomba explotó en un autobús de la guardia presidencial en Túnez, matando al menos a doce personas e hiriendo a diecisiete.

▶ **Un importante punto de inflexión** se alcanzó cuando Kaïs Saïed, presidente de Túnez desde 2019, asumió plenos poderes el 25 de julio de 2021. Túnez se jugaba mucho y en 2022 se produjeron numerosos acontecimientos políticos y económicos, empezando por el lanzamiento oficial del Plan de Desarrollo 2023-2025 en febrero de 2022. El verano de 2022 también fue ajetreado. En julio de ese año, la votación de una nueva Constitución, que los opositores denunciaron por poner en peligro los derechos humanos, dejó un futuro incierto para el país, que al poco se sumió en una crisis económica con el telón de fondo de la Covid y la guerra en Ucrania. En 2024, Túnez se encontraba en un callejón sin salida en relación con los emigrantes procedentes del África subsahariana que deseaban llegar a Europa, con Sfax como uno de los principales puntos de partida. Según la Organización Internacional para las Migraciones (OIM), el número de migrantes subsaharianos repatriados desde Túnez a sus países ha aumentado considerablemente desde 2023. En vísperas de las elecciones presidenciales, Kaïs Saïed está llevando a cabo lo que se ha calificado como una «purga» en la junta de gobernadores. En este clima de miedo y asfixia de las libertades, el anterior presidente ha sido reelegido en octubre de 2024 con el 89 % de los votos y un alto índice de abstención.

POBLACIÓN

Demografía

Con más de 12,4 millones de habitantes, de los cuales el 25 % son menores de 15 años, Túnez es un país joven con una esperanza de vida estimada en 77,3 años. Solo en la capital, Túnez, y su gobernación viven más de un millón de personas, es decir, algo menos del 10 % de la población nacional. La población se concentra en las regiones costeras, y solo el 30 % vive en las regiones áridas del sur y del centro, que representan el 70 % de la superficie del país. Sfax es la segunda ciudad más grande, seguida de Susa, Ettadhamen-Mnihla (área metropolitana de Túnez), Kairuán y Gabes.

Túnez se caracteriza por una uniformidad cultural y política muy superior a la de sus vecinos norteafricanos. En concreto, el país posee una unidad lingüística y religiosa sin igual en el Magreb: el 98 % de los tunecinos son musulmanes. De este 98 %, el 96 % son arabófonos y el 2 % bereberes. El 2 % de la población no musulmana son principalmente judíos que siempre han vivido en Túnez y están muy apegados a su religión, pero que también están muy arabizados. Aunque religiosamente están separados del resto de la población, se han ido integrando progresivamente en la sociedad a lo largo de varios siglos.

Idiomas

La lengua oficial de Túnez, y lengua materna de casi todos sus habitantes, es el árabe. Este idioma, que se escribe de derecha a izquierda, es difícil de aprender. Cada carácter se escribe de forma diferente según esté solo o al principio, en medio o al final de una palabra. Solo se escriben las 28 consonantes, incluidas las semiconsonantes, lo que ha permitido eliminar el uso superfluo de vocales.

Existen distintas variantes del árabe: la lengua clásica, «del escrito», es la lengua del Corán, hablada por una pequeña élite. El dialecto magrebí es la lengua más habitual en Túnez. Este dialecto ha tomado prestadas muchas palabras del bereber, del francés y del español, y su pronunciación presenta muchas diferencias con el árabe clásico.

Estilo de vida

Educación

Dado que «leer» es la primera palabra del Corán, es normal que se haga todo lo posible para garantizar que los niños de este país musulmán puedan recibir una educación. El Estado garantiza el derecho a la educación a todos los niños en edad escolar. La educación se ha generalizado desde los primeros años de la independencia y desde 1991 es obligatoria durante nueve años para todos los niños entre seis y dieciséis años. Hoy, casi todos los niños están escolarizados. Para educar, hay que enviar a los niños al colegio y esta prioridad, que forma parte del Programa Nacional de Alfabetización, ha dado sus frutos. La reforma ha afectado a los tres niveles de enseñanza: primaria, secundaria y superior.

Tradiciones

Los valores tradicionales se basan en varios principios básicos:

▶ **La obediencia al padre**, que tiene autoridad sobre la familia, dentro de la cual la madre también desempeña un papel clave.

▶ **El honor**, vinculado a tres valores esenciales: la tribu, el clan y la familia.

▶ **Dar tu palabra**, que, a falta de un documento escrito, equivalía hasta hace poco a un contrato moral y jurídico.

▶ **La hospitalidad** hacia quien viene de lejos.

▶ **La libertad**, un valor fundamental, ya que el verdadero nombre de los bereberes, *imazighen,* significa «hombres libres».

Moral

Tradicionalmente, se exige que las mujeres lleguen vírgenes al matrimonio y este requisito sigue vigente a día de hoy. Sin embargo, en las grandes ciudades como Túnez, la moral es más flexible en estos casos.

Algunas parejas viven también en concubinato. Es cierto que no es lo habitual ni está muy bien visto por la sociedad, pero, no obstante, indica cierto cambio de mentalidad.

Matrimonio

El matrimonio sigue siendo el objetivo de casi todas las jóvenes tunecinas. Por encima de considerarse como una oportunidad para hacer una gran celebración familiar, a veces, lujosa, el matrimonio es un acto civil y religioso, y sigue ciertas reglas estrictas. Desde la entrada en vigor del Código del Estatuto Personal, la edad legal para contraer matrimonio es de diecisiete años y la poligamia es ilegal. El divorcio ya no supone un repudio.

El sistema tunecino no concede al marido ningún poder sobre la administración de los bienes de su esposa. Además, el matrimonio no puede celebrarse sin el consentimiento explícito de la esposa. La ceremonia tradicional es extraordinaria y puede durar hasta dos semanas, pero lo normal es que dure tres días o incluso un solo día, durante el cual la futura esposa se viste con las ropas más hermosas, se maquilla y depila, y sus pies y manos son cubiertos con dibujos de henna.

Familia

Es imposible no notar la calidez que emana de la familia tunecina. En el campo encontramos familias muy tradi-

© ADISA – ISTOCKPHOTO

DESCUBRE

Gran Mezquita de Susa.

cionales, con el padre a la cabeza. En la ciudad las mujeres trabajan y ocupan puestos de responsabilidad, y los niños se quedan con la niñera. En cualquier caso, ciudad o campo, la familia es el núcleo en torno al cual gira todo, con las mujeres desempeñando un papel dominante y los niños en el centro.

Estructura social

La estructura de la sociedad tunecina se divide en tres clases: la clase media alta, la élite, que comprende una pequeña parte de la población; la clase media, que representa el 80 % de la población, y la clase trabajadora. Hoy, el 80 % de las familias tunecinas tienen una vivienda en propiedad.

Además, para casarse, el hombre tiene que ser propietario: o es dueño de su propia casa o se va a vivir con sus padres y su mujer.

Religión

La población tunecina se caracteriza por su marcada homogeneidad religiosa y lingüística. Como musulmanes, no conocen divisiones religiosas. Como árabes, prácticamente no tienen las divisiones lingüísticas (arabófonos/bereberófonos) que existen en Argelia y Marruecos.

Según la Constitución, Túnez es una «república libre, independiente y soberana; su religión es el islam suní». El artículo 1 de la Constitución tunecina separa claramente la vida civil de la religiosa. Todo el mundo es libre de practicar su religión. Pero a pesar de los intentos de Burguiba por disminuir la influencia de la tradición religiosa, esta, como se observa durante el Ramadán, sigue predominando en la vida cotidiana. Eso sí, es obligatorio que el presidente de la República sea musulmán.

Arquitectura

El primer escenario de la vida islámica fue el mundo de las ciudades. Los dos protagonistas de la vida musulmana eran tradicionalmente la Gran Mezquita, donde los creyentes se reunían los viernes para la oración del mediodía, y el bazar adyacente, donde los puestos se disponían en un cierto orden en relación con la mezquita: los comerciantes de libros y papel estaban más cerca de la mezquita, seguidos de los de telas y demás. Desde los más refinados hasta los más ruidosos.

Mezquitas

El mayor símbolo de este urbanismo tradicional es la mezquita, el edificio

Puerta tunecina.

principal de la vida comunitaria. Las mezquitas se dividen en mezquitas de barrio y la mezquita principal, conocida como la Gran Mezquita. En esta última se celebra la oración solemne del viernes.

Mezquita, *djamaa* en árabe, significa reunión. Es el lugar donde la gente se reúne cinco veces al día para la oración colectiva. Cada barrio tiene su propia mezquita, de mayor o menor antigüedad y más o menos decorada. Consta de una sala de oración, un patio, a veces un minarete y un lavabo. Cada uno de estos elementos tienen su importancia en la práctica del culto:

▶ **La sala de oración** es el lugar habitual de culto. Sin embargo, los musulmanes también pueden rezar en casa. El valor de esta sala reside en el contacto que proporciona, no con Dios, sino con otros fieles. Antes de cada oración, los musulmanes deben reafirmar su fe en Dios y su lealtad al profeta Mahoma en voz alta y siguiendo el ritual pronunciado por el almuédano durante la llamada a la oración.

▶ **El muro de oración** (qibla) está orientado hacia La Meca. Los fieles se alinean para rezar juntos ante el mihrab, un nicho tallado en la qibla que indica la dirección de la ciudad santa. El almimbar, el púlpito donde predica el imán, puede situarse fuera del centro o delante del mihrab.

▶ **El patio** se utiliza como vestíbulo y, en verano, como lugar de oración cuando hace demasiado calor.

▶ **El minarete:** es la torre de una mezquita, desde cuya cúspide el almuédano llama a los fieles musulmanes a la oración.

▶ **El lavabo:** indispensable para las abluciones.

La Gran Mezquita suele estar situada en pleno centro de la ciudad islámica. A su alrededor hay varios zocos, entre ellos los más lujosos de las inmediaciones.

La mezquita es también un lugar de aprendizaje del Corán para los jóvenes del barrio. Los alumnos reciben clases en la Gran Mezquita y en las madrasas de los alrededores. Aquí también se celebran bodas y se reza por los difuntos. Es posible visitar algunas de las mezquitas siempre que se vaya vestido adecuadamente.

Morabitos

Existen muchos morabitos en Túnez: suelen ser edificios cúbicos rematados por una cúpula blanca. Son las últimas moradas de los ascetas o morabitos, de los que toman su nombre. Estas figuras religiosas eran consideradas santas y hacían milagros. Hoy siguen siendo objeto de gran veneración popular.

Hay que venir a Nefta, sobre todo el tercer día del *Aïd el Kébir*, el Día del Cordero para ver el ambiente que reina en torno a los morabitos: personas estériles, enfermas o en busca de espiritualidad acuden en masa a los curanderos para solicitar ayuda y alivio. Algunas familias no dudan en recorrer cientos de kilómetros y quedarse a dormir allí para poder ver a un morabito.

Medinas y zocos

La medina designa el casco antiguo situado dentro de los muros de la ciudad. Las medinas, los centros árabes de las ciudades tunecinas, son pintorescos núcleos de actividad con sinuosas calles y coloridos y variados zocos de artesanía.

No se pierda la medina de Túnez, la de Susa, que tiene vistas a la casba, el casco antiguo de Mahdia, que evoca el esplendor de la dinastía fatimí, o la medina de Tozeur, donde la ausencia de zoco hace que este sitio sea aún más mágico.

Los *dar*

Dar significa «la casa de», y se utiliza en masculino para designar las grandes mansiones de gente importante, generalmente situadas en una zona residencial alejada del caos urbano. Suelen encontrarse en las medinas. El *dar* Othman de Túnez data de finales del siglo XVI y es uno de los más antiguos y bonitos de la capital. Su fachada de estilo hafsí es espectacular y el interior está decorado con cerámica. El Museo Regional de Túnez se encuentra en el *dar* Ben Abdallah, que perteneció al pintor francés Albert Aublet. Las oficinas del primer ministro y del Ministerio de Asuntos Exteriores se encuentran en *dar* El Bay, una antigua residencia del siglo XVII.

Artesanía

Cuando hablamos de artesanía, pensamos inmediatamente en los zocos. Aquí nació en el siglo XVII la verdadera artesanía, no las baratijas que ofrecen hoy en día en las tiendas de reventa.

La artesanía tunecina es uno de los sectores más dinámicos de la economía local y una de las actividades profesionales más antiguas y mejor distribuidas del país. Cada ciudad tiene su propia especialidad.

DESCUBRE

Orfebre.

▶ **Joyería:** orfebrería de oro en Túnez, adornos de plata en Nabeul y Sfax, joyas de oro y plata de ley en Monastir, Mahdia y Susa, y plata de ley y filigrana en Yerba.

▶ **Madera:** muebles e instrumentos de música tradicionales fabricados en Aïn Draham y Kelibia.

▶ **Jaulas para pájaros:** originarias de Sidi Bou Saïd.

▶ **Cerámica:** alfarería de arcilla esmaltada fabricada, sobre todo, en Nabeul y presente en casi todas las tiendas de Túnez y la cerámica de Kroumirie. En Sejnane los lugareños fabricaban sus propios utensilios sin saber que estos artículos artesanales bereberes llegarían a ser de los más cotizados en todo el Magreb y fuera de él.

▶ **Cuero:** Túnez, Sfax y Kebili se especializan en carteras, monederos, protectores de escritorio y bolsos.

▶ **Cobre:** Túnez y Kairuán se especializan en el esmaltado, cincelado o grabado.

▶ **Alfombras:** la calidad de las alfombras de nudo, que abundan, como no, en Kairuán, está estrictamente controlada por la Oficina Nacional de la Artesanía (sello ONAT). Las alfombras de Tozeur también son muy singulares e interesantes.

▶ **Vidrio soplado:** de tradición siria, egipcia o veneciana, destacan las piezas de los talleres de Nabeul, Hammamet, Túnez y Gammarth.

▶ **Ropa:** chilabas, *burnous,* caftanes y muñecas con trajes tradicionales. Encontrará preciosos bordados y encajes en Raf Raf.

Cine

El primer cine de Túnez se inauguró en 1908, pero no fue hasta 1922 cuando Samama Chickly rodó la primera película orientalista tunecina: *Zohra.* Luego vinieron Omar Khlifi y los jóvenes directores implicados en la lucha social y colonial, como Abdellatif Ben Ammar con *Une si simple histoire, Sejnane* y *Aziza* en los años 1970, junto con Naceur Ktari, Brahim Babai, Mahamoud Ben Mahmoud...

El primer éxito cinematográfico internacional fue *Halfaouine: el niño de las terrazas,* de Férid Boughdir, al que siguieron películas complejas que analizaban los problemas sociales ligados a las estructuras fundamentales del país, como las películas de Nouri Bouzid que llamaban a la reflexión: *Man of Ashes* y *Sfayah Min Dhahab.* Maussim al-rijal (1999), de Moufida Tlatli, es una de las pocas películas africanas y árabes incluidas en la selección oficial del Festival de Cannes. Representa a este cine en la sección «Un certain regard», fuera de concurso. El Festival de Cannes de 2014 reconoció, como no podía ser de otra forma, dos películas tunecinas: *Le Challat de Tunis,* una de las diecinueve películas seleccionadas por la ACID que fue proyectada, pero fuera de concurso, y *Une journée sans femme,* cortometraje de Najwa Limam Slama.

Las mujeres directoras ocupan un lugar importante en Túnez, como en todo el cine árabe. Moufida Tlatli y Nadia el Fani encabezan la lista. Moufida Tlatli, clasicista, se dio a conocer con *Los silencios del palacio,* una crónica de la burguesía tunecina de los años 1950. *La Saison des hommes* narra la vida de las mujeres de Yerba que se quedan solas once meses al año cuando sus maridos se marchan a trabajar a Túnez. Con Nadia el Fani y su *Tanitez-moi,* el cine tunecino revela otra de sus facetas, más intelectual y mucho más moderna.

El año 2001 vio nacer una nueva estrella en el firmamento tunecino: Latifa Arfaoui. Youssef Chahine, el gran director egipcio, le dio una oportunidad en *Silencio, estamos rodando.*

Entre 2001 y 2002, se produjeron diez películas en Túnez. Khaled Ghorbal, Nidhal Ghatta, Abdelatif ben Amar y muchos otros volvieron a ejercer como directores.

Naceur Khmir, nacido en 1948, es escritor, narrador, pintor, escultor, calígrafo y cineasta.

Entre sus películas destacan *Le Collier perdu de la colombe* (1990), *Los balizadores del desierto* (1984), *L'Ogresse* (1977) y *Le Muet* (1975).

Su película de 36 minutos, *Bab'aziz,* entró en la competición oficial del Festival de Cartago de 2006.

También hay que mencionar a Tayeb Louhichi y Ridha Behi, cuyas películas también han destacado en el mundo cinematográfico.

La directora Selma Baccar produjo en 2006 un drama social, *Fleur d'oubli*: la historia de una mujer burguesa en los años cuarenta que se deja consumir por una droga que la lleva a la locura.

Entre las películas más recientes con mayor impacto se encuentran *La Tendresse du loup,* dirigida en 2007 por Jilani Saadi, y *L'Autre Moitié du ciel,* dirigida en 2008 por Kalthoum Bornaz. La revolución de 2011 inspiró varias películas y documentales, entre ellos *Plus jamais peur,* de Mourad Ben Cheikh, el más conocido en el extranjero,; *Bastardo,* de Nejib Belkadhi, *Je ne meurs jamais,* de Nouri Bouzid, *Dégage,* de Mohamed Zran, *C'était mieux demain,* de Hinde Boudjemaa, y *Maudit soit le phosphate,* de Sami Tlili.

Esta nueva libertad de expresión adquirida desde la revolución no es del agrado de todo el mundo, ya que los islamistas han atacado el cine, en particular la película *Making of, la última película,* de Nouri Bouzid, que denuncia el integrismo, el ataque al cine africano tras la proyección de la película *Laïcité inchallah,* de Nadia El Fani, y las manifestaciones ante la cadena de televisión Nessama tras la proyección de la película franco-iraní *Persépolis.*

Muchos de los filmes de ficción estrenados en la década de 2010 cuentan de maravilla la historia del Túnez contemporáneo y suelen tratar sobre la revolución de 2011. Una de ellas es la comedia *Parfum de printemps* (2014), de Ferid Boughir.

Otras películas inspiradas en la revolución son *A peine j'ouvre les yeux,* de Leyla Bouzid (2015), y *Un diván en Túnez* (2019), de Manele Labidi.

En 2019 se estrenó *Un fils,* de Mehdi Barsaoui y, en 2020 salió *El hombre que vendió su piel,* de Kaouther Ben Hania, protagonizada por Monica Bellucci. En marzo de 2021, la película fue seleccionada como una de las cinco candidatas al Oscar a la mejor película internacional. Algo inédito para Túnez. En 2022, *Entre las higueras,* dirigida por Erige Sehiri, fue aclamada por la crítica. Por último, en 2024, el documental *Las cuatro hijas,* dirigido por la tunecina Kaouther Ben Hania, ganó el César a la mejor película documental.

Danza

La danza oriental está asociada a un rito ancestral de fertilidad, ya que la bailarina solía dedicar su actuación a una divinidad con la esperanza de gestar un hijo. De hecho, los movimientos ondulantes del vientre y la pelvis reproducen los movimientos de la futura madre durante el parto. Pero ¿podemos hablar de música oriental sin mencionar la comúnmente conocida como «danza del vientre»? Es cierto que, aunque algunos operadores turísticos la presenten como la guinda del pastel al final de una velada, a veces es interpretada por «bailarinas» mediocres, que se esfuerzan en el escenario haciendo ondear caderas y pañuelos arabescos al son de una música profunda y provocadora.

Oriente siempre ha evocado sensualidad a través de sus especias, perfumes y artes, pero también a través del cuerpo femenino. El talento de estas extraordinarias bailarinas revela un verdadero arte tejido a partir de una multitud de variaciones y detalles que resultan en una fluidez y una soltura que le dejarán sin aliento.

No encontrará nada vulgar en este espectáculo, sino la belleza de las ondas, una destreza muy elegante y la sensualidad de este arte. Uno queda hipnotizado por la combinación de gestos, por el sonido, por los accesorios y por el intenso ritmo musical. El talento de la interpretación infunde respeto.

En el mundo árabe existe la tradición de invitar a una bailarina de *chikhat* a celebraciones como bodas. Se cree que la danza acerca a los recién casados y les proporciona una larga vida y una gran descendencia.

Literatura

Aunque las civilizaciones anteriores, sobre todo la púnica, se dedicaron prolíficamente a la escritura, la historia literaria de la región comenzó con los grandes escritores de África cuando Roma sustituyó a Cartago: Apuleyo, Tertuliano y san Agustín.

Fue en Kairuán donde Ibn Jaldún escribió su *Historia de los bereberes* en el siglo XIV. Este gran historiador y filósofo nació en Túnez en el siglo XIV y arrojó una nueva luz sobre los inicios de Túnez tras el primer milenio.

Las mil y una noches también debe mucho a los narradores tunecinos, los *fdawi,* a quienes les encantaba cantar las aventuras de Sheherezade.

Durante el periodo de entreguerras apareció en Túnez una gran variedad de literatura contemporánea, tanto en árabe literario como en francés.

El nacimiento de la novela tunecina se remonta a 1906, con *Al Haifa wa siraj al layl,* de Salah Souissi. La llegada de la literatura francesa se produjo tras la instauración del protectorado (1881). Las primeras décadas del siglo XX vieron el desarrollo de la literatura de viajes, escrita por escritores franceses que visitaban Túnez y que continuaban la tradición de Chateaubriand, Alexandre Dumas y Maupassant, así como André Gide y, más adelante, Montherlant. Las obras de antes de la guerra compartían todas la misma visión establecida y obedecían los estereotipos de una literatura colonial ávida de exotismo y de «escenas de la vida en los pueblos». Al mismo tiempo, apareció la figura de Abou el Kacem Chebbi. Fue un joven poeta moderno (1909-1934) y uno de los primeros en criticar la antigua poesía árabe que contribuyó a renovar este arte inspirándose en el romanticismo europeo. Por su parte, la novela patriótica vio la luz en 1956 con Mohamed Laroussi y, sobre todo, con Mohamed Mokhtar Jannet. La

novela histórica llegó con Béchir Khraïef, autor de *Barg Ellil* y *Bellara,* mientras que Béchir Ben Slama se inspiró más en la colonización francesa. En cuanto a la novela realista, se centra en las relaciones entre clases sociales. Ezzedine Madani, Mustapha Fersi y Hitchem Karoui son los autores más conocidos.

Un autor contemporáneo, Abdelaziz Belkhodja, ha escrito muchas obras sobre Túnez y su poder en tiempos de Cartago, un poder con el que aún sueña en *Le Retour de l'éléphant.* Su mayor éxito, muy leído en Túnez, es *Les Cendres de Carthage.*

Entre los autores contemporáneos más conocidos figuran Ali Becheur, Rafik Darragi, Habib Selmi, Emna Belhadj Yahia, Mohamed Harmel, Walid Soliman y Wafa Ghorbel.

Música

La música tunecina pertenece a la gran familia de la música árabe, de la que toma prestados sus modos y ritmos característicos. Entre los principales estilos de música clásica están la nuba, la más antigua y de origen andalusí, también llamada *malouf,* el *choughoul* y el *bachraf,* de origen turco.

La música tunecina también se ha visto influenciada por el *mizwad,* el *foundou* y el *zindali,* los tres principales estilos de música popular, así como por los países árabes de Oriente Medio, especialmente Egipto, Siria y Líbano.

▶ *Malouf.* Al atardecer en Yerba, cuando el calor ha caído y el crepúsculo incita a soñar, unas notas musicales se insinúan atravesando el paisaje.

Mientras que algunos establecimientos ofrecen discotecas, otros tienen la gran idea de presentarles a los visitantes el *malouf*. Este tipo de música es originaria de Sevilla y fue introducida en Túnez por refugiados andalusíes en el siglo XV. Los músicos se sientan en un rincón del restaurante o en un agradable salón morisco. Poco a poco, el ambiente va cambiando. No es el canto de las sirenas que atrajo a Ulises, pero nos gusta pensar que se parece. Se trata del *malouf*, una melodía inquietante y fascinante. El conjunto suele estar formado por tres músicos: uno toca el armonio, otro toca el *derbake*, un tambor de barro cubierto de piel de pescado, y el tercero, una pandereta, el violín, el laúd o la flauta. Es una música nostálgica. El *malouf* versa a menudo sobre el pesar por la patria o por el amor perdido. Está compuesto por una serie de motivos que se suceden en un orden fijo. Comienza lento, luego se acelera y la emoción va *in crescendo* hasta alcanzar su punto máximo de potencia y profundidad. Este género musical pudo sobrevivir en todo el país hasta principios del siglo XX principalmente gracias a las cofradías religiosas. Gracias a unos pocos amantes de la música, este arte y sus normas se han conseguido mantener.

▶ *Mizwad.* Toma su nombre de un instrumento de viento de origen beduino parecido a una gaita, que consiste en una bolsa de piel de cabra con un doble puntero de caña, ambos perforados. Es uno de los estilos musicales populares más famosos de Túnez. Un conjunto de *mizwad* perfecto incluye la gaita, por supuesto, pero también percusionistas y cantantes. Es un estilo muy apreciado por sus melodías festivas, que se desarrolló entre las franjas menos privilegiadas de la población, primero en el campo y luego en las ciudades. A través de sus canciones, que no dudan en utilizar dialectos, jergas o letras campechanas como medio de expresión, se impuso de repente como contracultura musical, desafiando los estilos clásicos que respetaban reglas y códigos definidos. Durante muchos años, el *mizwad* tuvo mala reputación, antes de ganarse finalmente el reconocimiento general, hasta el punto

© NOODSTUDIO — ISTOCKPHOTO.COM

Músicos en el desierto de Merzouga.

de encabezar actualmente las listas de éxitos musicales tunecinas. Entre los numerosos intérpretes de *mizwad,* figuran artistas como Khatoui Bou Oukez y Chédly El Meddel, Naji Ben Nejma, Belgacem Bouguenna, Hedi Habbouba, Hbib Jbali, Lotfi Jormana, Ouled Jouini, Fathi Weld Fajra y Walid Ettounsi.

▶ **Música popular.** Miembro de la Rachidia desde los años 1930, Saliha fue una de las primeras estrellas de la música tunecina y su eterna gran voz. Después de ella, hubo que esperar a los años 1960 y 1970 y al desarrollo de la variedad musical tunecina para ver surgir nuevas figuras de la música popular. En esa época surgieron varios iconos, como Naâma, Oulaya, cuyo éxito resonó en gran parte del mundo árabe, y Zouhëira Salem, que pertenecía a la misma generación. Más recientemente, la música popular tunecina ha estado representada por Nabiha Karaouli, diva contemporánea con una voz majestuosa, Saber Rebaï, Latifa Arfaoui y Amina Fakhet.

▶ **Música contemporánea.** Como en todas partes del mundo, el *hip-hop* ha encontrado en Túnez un lugar donde florecer. La Revolución de los Jazmines ha dado a muchos raperos la oportunidad de cantar por la libertad y de denunciar las injusticias del antiguo régimen. Entre los raperos más conocidos del país figuran Klay BBJ, con su imagen rebelde, y Bendir Man, un auténtico abanderado anti-Ben Ali. En la actualidad, los últimos éxitos del rap local son Samara y Alfa.

▶ En el campo de la música electrónica, la escena tunecina empieza a hacerse un nombre a escala internacional, empezando por Emel Mathlouthi, musa de la Revolución de los Jazmines y que

fue expulsada por ello del Festival de Cartago antes de ser readmitida bajo la presión de la opinión pública, quien creó un potente sonido *trip hop* siguiendo la línea de los grandes del género, como Björk o Massive Attack, impregnado de sus raíces musicales tunecinas.

Pintura y bellas artes

La escuela de Túnez se fundó en los años 1940 en honor al pintor Pierre Boucherie. Estaba abierta a todos los jóvenes talentos tunecinos de la época y formó a artistas hoy célebres: Abdelaziz Gorgi, Ammar Farhat, Yahia Turki...

▶ **Los orientalistas.** Soñaban con un Oriente idílico que reprodujeron en sus cuadros en el siglo XIX. Muchos se inspiraron en Túnez: Kunz, Erlanger, Delacroix... Así como Roubtzoff, Alexandre Fichet, Nardus o Berjolle.

Tradiciones

En los zocos tunecinos, no es raro ver grandes marionetas de madera colgadas en una pared. Son originarias de Sicilia y fueron adoptadas por Túnez en la época en la que se dividía entre Oriente y Occidente. Las marionetas suelen ir vestidas de guerreros, pero también se meten en la piel de personajes de la vida social: mendigos, aguadores, príncipes, jenízaros, esclavos... El siglo pasado eran la alegría de grandes y pequeños, pero hoy, por desgracia, esta forma de entretenimiento ha quedado un tanto obsoleta frente a la televisión y el cine, mientras sus hilos se enredan y se llenan de polvo. En Yerba, se celebra todos los años, en noviembre, un festival de marionetas.

DESCUBRE

FIESTAS

Marzo

■ **FESTIVAL DE KSOUR**
TATAOUINE

El festival de Ksour se celebra en marzo en Tataouine, en la magnífica región de Djebel Dahar, una zona que le recomendamos visitar. Este festival es una invitación para descubrir la riquísima civilización bereber que está especialmente activa en esta región del sur de Túnez, aunque sea poco conocida, y que ha conservado sus tradiciones y cantos a lo largo de los siglos. Hay desfiles, recreaciones, exposiciones, visitas a pueblos fortificados...

CALENDARIO Y FIESTAS MUSULMANAS

El calendario lunar es el que los árabes han elegido seguir desde la antigüedad. El calendario musulmán usa doce meses de 29 y 30 días, es decir, 354 días. Hay un desajuste con respecto al calendario gregoriano, lo que explica que el mes de Ramadán, por ejemplo, nunca caiga en una fecha fija, sino que se adelanta once días cada año. El calendario musulmán comienza, según la fecha fijada por el califa Omar, el 15 de julio del 622, primer día del año lunar en el que el profeta Mahoma huyó a Medina.

Las principales fiestas musulmanas son:

▶ **La Hégira,** que marca la partida del profeta Mahoma hacia Medina. Se celebra el primer día del mes de *Muharram.*

▶ **Mawlid al-Nabi,** que celebra el nacimiento del profeta Mahoma. Se celebra el 12 del mes de *Rabi' el-Awal.*

▶ **La Noche de la Ascensión,** que conmemora la ascensión del profeta Mahoma al cielo. Se celebra el 17 del mes de *Rajab.*

▶ **La Noche del Destino** se celebra cuando termina el mes del Ramadán y conmemora el descenso del Corán sobre el profeta elegido por Dios.

▶ **Eid al-Fitr,** también conocida como «fiesta del fin del ayuno», con la que concluye el mes del Ramadán.

▶ **Eid al-Adha,** más conocida como Eid al-Kabir, se celebra el 10 del mes de *Zull-Hijja.* Es una gran fiesta que conmemora el sacrificio de un cordero por parte de Abraham en lugar de su hijo Isaac, razón por la cual se sacrifican corderos en esta fiesta según un ritual establecido por la ley.

Mayo

■ PEREGRINACIÓN A LA GHRIBA
ERRIADH

La peregrinación a la sinagoga de la Ghriba es uno de los acontecimientos culturales más importantes de la isla de Yerba y del sur de Túnez. Miles de peregrinos judíos de todo el mundo acuden cada año a la sinagoga de la Ghriba para participar en esta peregrinación posterior a la Pascua hacia la sinagoga más antigua de África. Toda la vida de la tranquila isla de Yerba cambia en esta época. Esta peregrinación es, sobre todo, un magnífico símbolo de la armoniosa convivencia en la isla de Yerba, independientemente de la religión de cada uno.

Julio

■ FESTIVAL DEL MAR
MAHDIA

El Festival del Mar se celebra cada mes de julio en Mahdia. Numerosos eventos hacen vibrar esta bonita ciudad mediterránea: veladas festivas, exposiciones sobre las artes plásticas, competiciones y torneos deportivos (petanca, vóley playa, fútbol playa, natación...). También hay exposiciones y actividades culturales, como excursiones por el mar. Actuaciones de música, danza y canto completan este festival destinado a los amantes del mar y a los curiosos.

■ FESTIVAL INTERNACIONAL DE CARTAGO
CARTAGO
www.festivaldecarthage.tn/fr/home
contact@festivaldecarthage.tn

Desde hace más de cincuenta años, el Festival Internacional de Cartago es uno de los acontecimientos culturales más importantes de Túnez. Presenta todo tipo de disciplinas: danza, música, teatro, etc. Por él han pasado algunos de los artistas de más renombre del mundo árabe. Pero el festival va más allá de la cultura árabe-mediterránea para ofrecer todo tipo de creaciones. Por el escenario de Cartago han pasado Youssou N'Dour, Dalida, Louis Armstrong, Aznavour, Stromae y muchos más.

Agosto

■ FESTIVAL DE JAZZ DE TABARKA
TABARKA

El Tabarka Jazz Festival es un acontecimiento musical que se celebra todos los años en agosto desde 1973 en la localidad costera de Tabarka, con un gran cartel y un escenario de lujo a orillas del mar. Cuenta con un magnífico anfiteatro con vistas panorámicas de 180° sobre el mar. Numerosos artistas han participado en este festival, tales como Barbara Hendricks, Kool and the Gang, Lucky Peterson, Bernard Allison, Diana Krall, Jacques Higelin, Miles Davis, Manu Dibango, Léo Ferré, Dizzy Gillespie, Claude Nougaro, Ahmad Jamal, The Temptations, Cesária Évora...

Septiembre

■ DREAM CITY
TÚNEZ

Creado en 2007, Dream City es un festival cultural multidisciplinar que tiene lugar en la medina de Túnez cada dos años durante varios días.

DESCUBRE

Las exposiciones de arte contemporáneo se celebran en espacios públicos: cafés, calles, casas abandonadas, plazas… siguiendo unos itinerarios artísticos. Es un festival de larga duración que acompaña a los artistas invitados y les ofrece un largo periodo de creación, de uno a cuatro años, para captar plenamente los detalles y las realidades sociales y políticas. El festival Dream City también se celebra en Sfax en octubre.

■ FEEL MEDINA
TÚNEZ
mdinti.org/fr/accueil
contact@mdinti.org
El festival Feel Medina se creó para permitir a tunecinos y viajeros revivir la historia, las tradiciones, la cultura gastronómica y los numerosos tesoros del rico patrimonio material, inmaterial y cultural de Túnez. Es una oportunidad para redescubrir la medina cada fin de semana con actividades originales e inéditas organizadas por la asociación MDINTI:

talleres de inmersión con artesanos, *tours* urbanos, clases de cocina, proyecciones de películas en los tejados de las casas de huéspedes, etc. Un festival nuevo muy recomendable.

Diciembre

■ FESTIVAL INTERNACIONAL DEL SÁHARA
DOUZ
Creado en el año1910, este festival celebrado en Douz es una ocasión única para descubrir la vida tradicional de los nómadas. Las jornadas del festival están marcadas por una animación ininterrumpida con ejercicios ecuestres y fantasías, galas de música y canto, espectáculos, luchas de carneros y dromedarios, juegos populares, etc.
El acontecimiento se desarrolla durante cuatro días a finales de diciembre y atrae a miles de personas de todo Túnez y del mundo árabe.

© PODOLNAYA ELENA . SHUTTERSTOCK.COM

Festival del Sáhara.

COCINA LOCAL

La cocina tunecina combina todas las influencias: árabe, turca, maltesa, italiana y europea. Los ingredientes básicos son los del Mediterráneo: aceite de oliva, tomates, cilantro, albahaca, menta, chile (harissa) y pimienta.

Productos y especialidades

Hay fruta en abundancia todo el año y la composición de los puestos varía según la estación: sandías a partir de mayo, naranjas, melocotones...

A finales de octubre, se espera con impaciencia la cosecha de dátiles, que acompañan a las deliciosas granadas en los mercados. Los dátiles más codiciados, que crecen en las palmeras de la región de Tozeur, se llaman *deglet an nour*, o «dedos de luz».

En temporada, los mercados se llenan de peras, cerezas, manzanas y albaricoques, así como de pimientos y pepinillos. En los alrededores de Gabes y, generalmente, en las regiones de cultivo de palmeras, podrá disfrutar de la savia de palma o *legmi*, un aguardiente de palma que debe consumirse en 24 horas.

El pescado, frito o a la plancha, abunda a lo largo de la costa tunecina: La Goleta, puerto pesquero de Túnez, es famoso en todo el norte del país, al igual que Sfax en la costa este. Aquí se pescan pescados mediterráneos como la dorada, la lubina y el salmonete, además del mújol, muy común, y el mero, que se cocina al estilo de Sfax.

El cordero y la oveja son las carnes que más se cocinan en Túnez.

El cerdo está ausente por motivos religiosos, excepto en los centros turísticos, y la ternera es escasa a pesar de haber algunas vacas en las llanuras centrales.

Solo quedan las aves de corral: hay, por supuesto, muchos pollos y pavos, pero no nos convenció mucho la forma de cocinarlos.

CUSCÚS

El cuscús es el plato nacional. Se trata de sémola cocida al vapor que se sirve con cordero, carnero, pollo o pescado y verduras: patatas, guisantes, zanahorias, garbanzos...

La calidad de los ingredientes varía mucho de una preparación a otra. A los tunecinos les gusta comer picante, incluso muy picante, y conviene evitar los enormes chiles verdes que suelen decorar el cuscús: solo con probar la sémola que está junto al chile ya le va a picar mucho.

El *m'hamsa* es un cuscús de grano grueso con pasas sultanas, tomates secos y cordero.

DULCES

Forman parte de la cultura del país y cada pueblecito tiene su propia pastelería, donde se puede tomar un té y comer un dulce.

Estos pasteles orientales son muy dulces y suelen elaborarse con miel. Los pasteles más populares que hay que probar son el famoso pastel de dátiles, el *makroud* y un pastel aromatizado con azahar, almendras o pistachos llamado *baklava*.

La *assida* es un cuscús de avellanas y huevos. Los cuernos de gacela, que se venden en el sur, son tortitas de miel con forma de los cuernos frontales de este grácil animal.

Bebidas

▶ **Cerveza.** La marca nacional de cerveza, Celtia, que lleva décadas en el mercado, sigue vendiéndose, aunque los lugareños prefieren tomar té y zumos de frutas en las cafeterías durante el día.

▶ **Café.** Los tunecinos beben mucho café y el «café-cigarrillo» es toda una institución.

▶ **Zumo de palma.** El zumo de palma se obtiene al cortar el tallo de una hoja de palmera y se bebe frío durante el día recién extraído de la palmera.

▶ **Té.** Cuando coma, si de verdad quiere vivir como un local, prescinda del vino y beba té.

▶ **Vino.** Aunque el consumo de alcohol no está muy fomentado por el islam, esto no impide que Túnez produzca excelentes vinos tintos, así como notables vinos blancos y rosados.

Excepto en los hoteles turísticos, los viernes no se sirve vino en los restaurantes, pero también encontrará hoteles que no lo sirvan. Los vinos importados son, evidentemente, más caros.

Por regla general, el alcohol solo está disponible en bares, hoteles o restaurantes gastronómicos.

Si le gustan las bebidas fuertes, tiene que probar el licor de higo, *boukha*, o el licor de dátiles, *thibarine*. Mezclado con agua con gas, constituye un excelente *long drink*.

Hábitos alimenticios

Los tunecinos hacen dos comidas al día más el desayuno, y la siesta después de comer sigue siendo bastante habitual. El día empieza con un buen café solo, por lo que muchas cafeterías abren a las cuatro o cinco de la mañana. Un menú completo suele empezar con una ensalada *mechouia*, una ensalada tunecina o un *brick*. Suelen comerse sin cubiertos y con pan. Después viene el cuscús, una especialidad que varía de una región a otra, o carne o pescado a la parrilla acompañados de patatas fritas y ensalada, o un guiso, y, por último sandía o melón. Esta sería una comida típica, pero hay otras igual de ricas. En las familias menos pudientes, comen cuscús a diario una vez al día. A la hora de comer, no es raro que los tunecinos coman solo un *brick* con un poco de ensalada.

DEPORTES Y OCIO

Fútbol

El fútbol es el deporte rey. Las Águilas de Cartago son la selección nacional y desatan pasiones en todo el país cuando salen a jugar, sobre todo cuando se clasifican para las grandes competiciones internacionales. Las Águilas han participado en cinco ocasiones en la Copa Mundial, la última en 2018, y también han tenido buenas épocas en la Copa Africana de Naciones (CAN). Fueron finalistas en 1965 y 1996 y ganaron el trofeo en casa contra Marruecos en 2004.

Después, tras conseguir resultados muy irregulares, los tunecinos volvieron a cobrar protagonismo y alcanzaron de nuevo las semifinales en 2019 y los cuartos de final en 2021 antes de volver a caer tras acabar eliminados en la primera ronda en 2023. En cuanto a los clubes, los dos equipos capitalinos, el Espérance Sportive y el Club Africain, son los más populares y exitosos del país. Los derbis de la capital se ponen al rojo vivo.

Buceo

Las aguas del país están llenas de lugares insólitos y de unos fondos marinos sorprendentes. Son unas de las más ricas en peces y mejor conservadas de la cuenca mediterránea y hay unos doscientos pecios repartidos por toda la costa tunecina. Las mejores inmersiones se realizan de mayo a octubre. La fauna submarina incluye delfines, meros, sargos, besugos, rayas y esponjas. La caza submarina está regulada y la del mero está terminantemente prohibida. Túnez es el lugar ideal para iniciarse en el buceo por su cercanía y su diversidad de fauna, flora y pecios. Podrá reservar fácilmente sus inmersiones allí mismo. Si prefiere contratar un paquete completo, muchas agencias especializadas en buceo ofrecen paquetes asequibles. La mayoría de los centros cuentan con instructores titulados por el C.M.A.S.

Kitesurf

La isla de Yerba se está convirtiendo en un punto de referencia del *kitesurf* en la cuenca mediterránea. Aquí se encuentran los mejores sitios y hay centros que ofrecen clases y alquiler de material: una excelente manera de descubrir o perfeccionar este deporte y a precios muy razonables. La mayoría de los clubes de *kite* se encuentran entre Aghir y El Kantara, en el sureste de la isla. El viento sopla casi siempre de tierra, por lo que no hay problema para desplegar la cometa y normalmente se toca pie en la laguna. En resumen, unas condiciones ideales.

Pesca y deportes náuticos

En Sfax, en las islas Kerkennah, en Yerba o en el golfo de Gabes, podrá pescar con los lugareños. Si sale, encontrará peces preciosos, pulpos y esponjas. No se necesita licencia.

Como en todos los grandes destinos turísticos costeros, podrá practicar deportes náuticos a lo largo de toda la costa: moto acuática, esquí acuático, *wakeboard, parasailing,* boyas remolcadas, etc. Pasará un día de playa muy ajetreado.

Talasoterapia-Balnearios

▶ **Historia del agua.** Túnez, con sus 130 km de costa, es un país con una gran cultura marina. Esta característica ha marcado y sigue marcando su historia. El Túnez actual es un destino costero de primera calidad con una novedad: la aparición de la talasoterapia hace unos años. A día de hoy es el segundo destino mundial de talasoterapia. Estos centros son muy diferentes y variados, pero tienen un denominador común: sanar a través del mar. Su entorno y sus productos son una de las formas más eficaces de recuperar la salud o de mantenerla. Aunque esta actividad es relativamente nueva en Túnez, no deja de formar parte de una tradición milenaria del uso del agua con fines terapéuticos.

▶ **Hija del mar.** La talasoterapia moderna, nacida en las brumosas costas de Inglaterra y Bretaña, se ha adaptado magníficamente en los últimos años a las costas mucho más soleadas del Mediterráneo. Además, las aguas de Túnez son las más puras y activas de la cuenca. El primer centro se instaló en Susa en 1994, seguido de Hammamet, y así sucesivamente. Dejando de lado el estilo «clínica», los centros se ubican en los complejos hoteleros más lujosos. No hay nada malo en cuidarse, sobre todo si hay calidad, y la hay, ya que la habilidad de estos centros de talasoterapia en Túnez está reconocida internacionalmente.

Playa de Sidi Mahrez, en la costa de Yerba.

PERSONAJES ILUSTRES

Aymen Abdennour

Nacido en Susa el 6 de agosto de 1989, el defensa central Aymen Abdennour es uno de los mejores jugadores de la historia del fútbol tunecino. Comenzó en el Étoile Sportive du Sahel, el equipo más importante de Susa, entre 2007 y 2011, antes de dar el salto a Europa y, sobre todo, a Francia. El zurdo ha llevado las camisetas del AS Mónaco, del Olympique de Marsella, con el que llegó a la final de la Europa League en 2018, su mejor resultado en un equipo, y del Rodez, Ligue 2, desde verano de 2022. También jugó en el Valencia en la liga española, en el Kayserispor de Turquía y en el Umm Salal de Catar antes de poner fin a su carrera en el Rodez en 2023. Con la selección nacional, las Águilas de Cartago (57 apariciones en otoño de 2022), Abdennour ha participado cuatro veces en la Copa Africana de Naciones (CAN): en 2012, 2013, 2015 y 2017. Se incorporó al Étoile Sportive du Sahel en agosto de 2024.

Kaouther Ben Hania

Nacida el 27 de agosto de 1977 en Sidi Bouzid, Kaouther Ben Hania es una directora y guionista tunecina de gran talento y reconocimiento. Tras estudiar en la Escuela de Arte y Cine de Túnez entre 2002 y 2004, también asistió a La Fémis de París antes de dirigir varios cortometrajes. Posteriormente dirigió cuatro largometrajes: *Le Challat de Tunis* (2014), *Zaineb n'aime pas la neige* (2016), *La bella y los perros* (2017) y, por último, *El hombre que vendió su piel* (2020). Esta última se convirtió en la primera película tunecina seleccionada para los Oscar en 2021 en la categoría de «Mejor película internacional». En 2024, su documental *Las cuatro hijas* ganó el César a la mejor película documental.

Michel Boujenah

Nacido el 3 de noviembre de 1952 en Túnez, Michel Boujenah se trasladó a Francia con sus padres a los once años. Tras aprobar el bachillerato, se presentó a las oposiciones de la Escuela Superior de Arte Dramático del teatro nacional de Estrasburgo, pero no las pasó, entre otras cosas, por su acento judío tunecino. Pero eso no hizo que se rindiera y, desde entonces, ha interpretado numerosos papeles, tanto en el teatro como en la gran pantalla. Desde 2007 es director artístico del Festival de Ramatuelle, cargo que asumió en sustitución de Jean-Claude Brialy. En 2024 protagonizó *Finalement*, la última película de Claude Lelouch.

Dany Brillant

Su nombre real es Dany Cohen. Este cantante nació en Túnez en 1965 y se trasladó a Francia con sus padres cuando solo tenía un año. Creció en Sainte-Geneviève-des-Bois y, a partir de los doce años, en París.

Aunque sus padres pensaban que sería médico, desde muy pequeño se apasionó por el teatro, el cine y la música. Poeta en sus ratos libres, se convirtió en una figura destacada de la *chanson* francesa inspirada por artistas como Charles Aznavour, Yves Montand, Georges Moustaki, Maxime Le Forestier, Leonard Cohen y Georges Brassens. Tiene doce álbumes grabados, así como numerosos papeles y apariciones en el cine, como en la tercera entrega de *¡La verdad si yo miento!* y en *Le Petit Blond de la Casbah*, de Alexandre Arcady, en 2023.

Mohammed Gammoudi

Es uno de los atletas tunecinos más conocidos gracias a su título olímpico en los 5000 metros de los Juegos de México de 1968. A diferencia de sus vecinos del Magreb, Argelia y Marruecos, Túnez no tiene una tradición de atletas de alto nivel, así que una hazaña de este tipo causó sensación en su momento.

Cyril Hanouna

Nacido en París, pero de origen tunecino, Cyril Hanouna está muy vinculado a Túnez. Nació en 1974 en el seno de una familia judía sefardí y él y su familia consiguieron la nacionalidad francesa en 1985. Como presentador de televisión, ha aparecido en cadenas como *Comédie!*, M6 entre 2000 y 2006, y France Télévisions entre 2007 y 2012, antes de convertirse en estrella de la televisión en 2012 en Direct 8 y en C8 con su programa de entrevistas en horario de máxima audiencia *Touche pas à mon poste!* También es presentador de radio (RTL, Virgin Radio, Europe 1) y en los últimos años se ha conver-

tido en un importante productor con su empresa H2O Productions, adquirida en 2019 por el poderoso grupo Banijay, y en un presentador estrella que suele estar en el centro de muchas polémicas. De hecho, estas polémicas podrían acabar con el cierre de la cadena C8 en 2025. Ya veremos qué pasa.

Ons Jabeur

Nacida el 28 de agosto de 1994 en Ksar Hellal, a unos 20 kilómetros al sur de Monastir, Ons Jabeur es una de las nuevas estrellas del tenis mundial y un icono del mundo árabe. Fue la primera jugadora árabe y africana en ganar un torneo WTA 1000 en Madrid en 2022. También ha alcanzado dos finales de Grand Slam, en Wimbledon y en el Open de Estados Unidos, y ha llegado al número 2 de la clasificación mundial en noviembre. En 2023 alcanzó otra final en Wimbledon, pero la temporada de 2024 ha sido más complicada y ha salido del Top 10.

Abdellatif Kechiche

Actor, guionista y director desde la década del 2000, Abdellatif Kechiche, nacido el 7 de diciembre de 1960 en Túnez, dirigió *La escurridiza, o cómo esquivar el amor* en 2004 y se dio a conocer al público con su película *La vida de Adèle*, por la que ganó la Palma de Oro en el Festival de Cannes en 2013. En general, sus obras tienen una base social y resaltan la intimidad, es decir, las escenas de la vida cotidiana, banales, y a veces insignificantes. Aunque sus películas tienen reconocimiento, suele estar siempre rodeado de polémicas: batallas legales con las productoras, reproches por ser un director exigente...

VISITA

En las callejuelas de la medina de Túnez.

TÚNEZ

Aunque Cartago le robó el primer puesto durante siglos, Túnez, el corazón palpitante del país, es ahora la capital política y económica. Al menos tres millones de personas pasan cada día por las calles de esta ciudad, que ha sabido combinar las exigencias de la modernidad con el respeto a la tradición.

Desde la plaza de África hasta la plaza de la Victoria, predomina el modernismo. La influencia de la arquitectura de Haussmann se percibe en las anchas calles rodeadas de bellos edificios. La imponente catedral de San Vincente de Paúl se alza sobre la zona más occidenta-lizada de Túnez. Es una capital dinámica donde abundan los congresos científicos y culturales. Túnez es una ciudad diferente que fascina a los turistas, aunque no los atraiga. Sin duda, la medina rebosante de vida, sus callejuelas llenas de voces y colores, los aromas del mercado central, el llamativo contraste con la avenida Habib-Bourguiba y aún más con los nuevos barrios modernos como Berges du Lac no dejan indiferentes a los viajeros. Sin embargo, no suelen pararse mucho tiempo en esta ciudad. Es una pena, porque hay mucho por descubrir en Túnez.

QUÉ VER – QUÉ HACER

Medina ★★★★

■ DAR BACH HAMBA ★★
Rue Kouttab el Ouzir, 40
☏ +216 71 323 315
En el centro del zoco El Belat se encuentra este palacio que antiguamente era propiedad de los dignatarios religiosos que se instalaron en Túnez en el siglo XVI, luego pasó a ser de la familia Naccache y, por último, de Hammouda Ben Abdelaziz. Fue la adinerada familia turca Bach-Hamba la que dio nombre y prestigio al palacio cuando lo adquirió. El palacio fue sede de la asociación Art Rue, que trabaja por la democratización de las artes y el desarrollo de residencias artísticas en Túnez (para más información, visite lartrue.org), y pronto albergará otras asociaciones.

■ DAR EL HADDAD ★★
Boulevard Bab Menara, 3
Situada al oeste del Palacio del Gobierno, cerca de Bab Menara, en el barrio de Béni Khorassen, esta suntuosa residencia del siglo XVI es una de las más antiguas de la medina. Desde el siglo XVIII, lleva el nombre de sus propietarios, de origen español, que se enriquecieron con el comercio de los fez. En la actualidad, el palacio está

declarado monumento histórico. El patio está rodeado de pórticos con columnas y capiteles hafsíes y, a un lado, hornacinas con bancos. De una esquina a otra encontramos una galería con un balaustre de madera.

■ DAR HUSSEIN

Boulevard Bab Menara, 3

Dar Hussein alberga actualmente la sede del Instituto Nacional del Patrimonio. El palacio fue construido en el emplazamiento de un palacio anterior por el yerno del *bey*, Ismaïl Khalia, en la segunda mitad del siglo XVIII. Más adelante, albergó a varios ministros y dignatarios hasta la llegada de los franceses en 1881. En 1882 el general Forgemol instaló aquí el Estado Mayor y la sede del nuevo municipio y decidió su disposición. El patio, con sus galerías, está decorado con lozas y columnas corintias, que hacen que el edificio aún se vea más bello.

■ GRAN MEZQUITA O MEZQUITA ZITOUNA

Rue Jamaa Ezzitouna, 30

La Gran Mezquita, a la que se accede desde la calle Jamâa-ez-Zitouna, también conocida como mezquita de los Olivos (*ez-Zitouna*), es el corazón vibrante de la medina y sus arquerías y columnas con capiteles de estilo morisco le dan un aire antiguo. La mezquita más grande de Túnez fue construida por primera vez en el año 698, cuando el gobernador omeya Obeid Allah ibn Al-Habhab fundó la ciudad, luego se reconstruyó por completo entre el 856 y el 863 a manos del emir aglabí Abu Ibrahim y se remodela periódicamente desde entonces. Se alza sobre los restos de una basílica cristiana. Sigue muy activa: imparte enseñanzas religiosas y reúne a los fieles para las cinco oraciones diarias. Su arquitectura es similar a la de la mezquita de Kairuán. La sala hipóstila, una sala de oración de quince naves, tiene nada menos que 184 columnas y capiteles antiguos que probablemente provengan de las ruinas de Cartago. El monumento ha sufrido muchas transformaciones a lo largo de los siglos. Los turcos contribuyeron añadiendo una galería en tres lados del patio en 1653 y levantando un nuevo minarete, que fue sustituido en 1834 por una torre de 44 metros hecha a la imagen del minarete hispano-morisco de la mezquita de la Kasbah. Durante siglos, esta mezquita albergó la prestigiosa universidad que lleva su nombre. El tejado y la sala de oración han sido restaurados muchas veces desde la independencia. Cabe destacar a su lado el hermoso pórtico de la Biblioteca Nacional.

VISITA

© LUKASZ JANYST – ISTOCKPHOTO

Minarete de la medina de Túnez.

■ MADRASA ENNAKHLA (DE LA PALMERA) ★★

Zoco El Belat

Esta madrasa situada en la medina, cerca de la Gran Mezquita, es la más antigua. Se construyó en el emplazamiento de un antiguo caravasar donde se vendía vino y se distingue por la delicadeza de sus columnas y sus arcos de inspiración otomana. Construida en 1714, la madrasa Ennakhla, o de la Palmera, debe su nombre al árbol que se alzaba en medio del patio, un jardín que aún puede verse a día de hoy. Tiene un acceso difícil para los turistas, pero la madrasa sigue activa y cierra durante el Ramadán.

■ MEZQUITA SAHEB ETTABAÂ ★★

Rue du Portier

Esta mezquita fue construida en el barrio de Halfaouine en 1814 por Youssef Saheb At Tabâa, ministro del *bey* husainí Hammuda Pachá y es una de las más bonitas de Túnez. Cuenta también con muchas influencias italianas.

En el casco antiguo de Túnez.

© WITR – ISTOCKPHOTO

Los cimientos se construyeron con piedra de Cartago. El minarete tiene forma octogonal. Su culminación quedó paralizada tras la muerte de Saheb At Tabâa y no se terminó hasta 1970. La mezquita alberga dos pequeñas necrópolis: una contiene la tumba de su fundador y la otra la del maestro de obras e historiador Ibn Abi Dhiaf.

■ MEZQUITA YOUSSEF DEY

Zoco Trok – Rue Sidi-Ben-Ziad

Esta mezquita está situada cerca de Dar El Bey, actual Palacio de Gobierno de la Kasbah, data de 1612 y fue la primera mezquita hanafí de Túnez. Su minarete tiene como base un cuadrado coronado por una torre octogonal y fue el primero con este tipo de construcción de la capital. Su linterna termina en una pirámide. El mimbar está magníficamente recubierto de paneles de mármol. El mausoleo del fundador de la mezquita es cuadrado; alberga la tumba de Youssef Dey y está considerado, con razón, una obra maestra. El tejado está compuesto únicamente por tejas.

■ MUSEO DE LA CIUDAD – PALACIO KHEÏREDDINE

Rue du Tribunal. Place Kheireddine
© +216 71 571 198

Construido entre 1860 y 1870 por el ministro Kheïreddine, este antiguo palacio de la medina fue declarado monumento histórico en 1992. Queda muy poco de la construcción original. Solo el salón y su chimenea de hierro fundido han sobrevivido a las numerosas reformas realizadas a lo largo de los años. Desde 1999, alberga el Museo de la Ciudad de Túnez en el ala norte. Este museo acoge regularmente exposiciones y es una de las mayores galerías de arte de la capital.

■ TOURBET AZIZA OTHMANA

Halqat Al-Naâl
Rue Ech Chamaiya, 9
Cerca de la zagüía Sidi Ben Arous,
cerca de la Gran Mezquita.

Se trata del mausoleo familiar de la princesa Aziza Othmana, una benefactora de la ciudad y de sus súbditos que vivió en el siglo XVII. La tumba de la princesa está cerca de la de su abuelo, rodeada de las tumbas de sus sirvientes y cerca de la cámara funeraria reservada a su familia. En su testamento, la princesa pidió que se depositaran flores en su tumba todos los días. Hoy, en lugar de las flores, encontramos unos hermosos adornos de cerámica que adornan el interior del edificio, dentro del que se alza la bóveda de una cúpula decorada con estuco.

Ciudad moderna ★★★

■ AVENIDA HABIB BOURGUIBA

Es la avenida principal de Túnez. Atraviesa todo el centro de la ciudad: parte de la plaza del 14 de enero y se extiende hasta la medina por la plaza de la Independencia y la avenida de Francia. En estos Campos Elíseos tunecinos se codean hoteles de lujo y edificios del siglo XIX de arquitectura muy variada. Es una avenida llena de vida, con cines, tiendas, quioscos de prensa y cafeterías. Fue en esta avenida donde se produjeron las principales manifestaciones de la revolución del 14 de enero de 2011, sobre todo cerca de la embajada de Francia.

■ CATEDRAL DE SAN VICENTE DE PAÚL ⭐

Rue Mokhtar Attia, 53
La hermosa catedral católica de estilo románico-bizantino y morisco de San Vicente de Paúl está cerca de la plaza de la Independencia. Construida sobre un antiguo cementerio cristiano, lleva el nombre del fundador de los lazaristas, vendido como esclavo en Túnez en el siglo XVII cuando aún era un joven sacerdote. Se construyó en varias fases entre 1893 y 1897 y fue renovada a finales del siglo XX. El edificio recibió la visita del papa Juan Pablo II en 1998.

■ MERCADO CENTRAL DE TÚNEZ (EL-GHALLA)

En el cruce de la calle Charles-de-Gaulle, calle d'Allemagne y calle d'Espagne
Es el mercado central de la ciudad, también conocido como «Fondouk al Ghalla», que literalmente significa «posada de la fruta». En él encontrará todo lo que cabe esperar de un mercado, desde frutas y verduras hasta pescado. El mercado central suele estar muy animado por las mañanas. Así que confíe en sus sentidos, sobre todo en la vista y el olfato, y dé un paseo por los puestos para hacerse una idea de cómo huele la capital tunecina.

■ MAUSOLEO DE SIDI KACEM EL JELLIZI

Boulevard 9 Avril 1938
En dialecto tunecino, «*jellizi*» significa «ceramista». Situado al suroeste de la medina, este mausoleo alberga la tumba del santo musulmán Sidi Kacem, venerado en el siglo XV por sus conocimientos de cerámica. Cuenta la leyenda que él mismo fabricó la loza de la zagüía. Hoy es una escuela de cerámica artística y un museo de cerámica islámica. Algunas piezas, halladas en excavaciones en Túnez, datan del siglo XIII y de la dinastía hafsí.

■ MEZQUITA HUSAINÍ DEL BARDO

El Bardo

El Bardo era una ciudadela formada por varios edificios, entre ellos, esta mezquita. Está situada en un lateral del palacio, junto al centro comercial. Construida por el *bey* Husayn, guarda ciertas similitudes con la mezquita de El Jedid, también edificada por el fundador de la dinastía husainí. Su minarete se construyó algo más tarde. Las formas y los adornos de la puerta principal son más recientes. Todas estas mezquitas sufrieron distintos grados de restauración tras la independencia.

■ MUSEO DE LA MONEDA

Avenue Mohamed V

℡ +216 71 122 563

musee@bct.gov.tn

Inaugurado en 2008 y situado en el vestíbulo del Banco Central, este museo cuenta la historia de la moneda tunecina, desde los periodos cartaginés y númida hasta 1968. Se exponen algunas rarezas, como un billete de cincuenta riales que data de 1847, el primer billete emitido en el país durante la época otomana. Toda la historia de Túnez se cuenta a través de los numerosos billetes y monedas expuestos. Los 600 m² de exposición garantizan una visita fuera de lo común. La museología es un gran éxito. También hay una biblioteca digital.

■ MUSEO MILITAR NACIONAL – PALACIO DE LA ROSA ⭐⭐

Avenue Habib Bourguiba, 53

Manouba

℡ +216 70 604 018

Dentro del Palacio de la Rosa.

El Museo Militar Nacional se encuentra en el Palacio de la Rosa, construido en 1793 bajo el mandato del *bey* Hammuda

Pachá, en las afueras al oeste de Túnez. El palacio está cerca de los jardines reales, que datan de la época hafsí (1420), pero hoy en día el palacio ya no está rodeado por los vastos jardines de naranjos y árboles frutales de antaño. Está abierto al público desde 1989. Presenta varios periodos de la historia militar del país, entre ellos el periodo antiguo, la conquista árabe-islámica, la época hafsí, los gobernadores otomanos y los periodos de las dinastías muradita y husainí. También se aborda el periodo de la resistencia armada: desde la ocupación francesa en 1881 hasta la independencia. La colección incluye 13 000 armas del siglo XIX utilizadas por los soldados tunecinos en 1854 durante la guerra de Crimea contra los rusos. Los tunecinos participaron en el conflicto apoyando al Imperio otomano, los franceses, los ingleses y al Reino de Cerdeña. Como anécdota, el almirante Lessègue, de la flota francesa, se alojó en el palacio en 1802 como embajador extraordinario del general Napoleón Bonaparte, primer cónsul de Francia en aquella época. Las distintas colecciones de objetos históricos se reparten y exponen en las sucesivas salas del palacio siguiendo el orden cronológico de las etapas de la historia de Túnez, que abarca más de tres milenios. Un magnífico museo por descubrir.

■ MUSEO NACIONAL DEL BARDO ⭐⭐⭐

Avenue 2 Mars 1934

Distrito del Bardo

℡ +216 71 513 650

www.bardomuseum.tn

M° 4 (parada Bardo).

El Museo Nacional del Bardo, uno de los museos arqueológicos más importantes del Magreb, y que tristemente se hizo famoso tras los atentados de 2015, por fin ha reabierto sus puertas. Si solo pudiera visitar un museo, visite este. Se creó en 1882 en uno de los pabellones del palacio *beylical* y fue construido por los hafsíes. El museo se encuentra a las afueras de la ciudad, en dirección a Béja y Bizerte, junto al campus universitario. Los objetos que alberga se dividen en cuatro departamentos y cuenta con colecciones de cada periodo de la historia del país: cartaginés, púnico, cristiano y árabe-musulmán. Otro departamento está dedicado a los objetos griegos de bronce y mármol procedentes de las excavaciones submarinas de Mahdia. El Museo Nacional del Bardo es famoso por albergar la mayor colección del mundo de mosaicos romanos procedentes de Cartago, Susa, Dougga y El Jem. Algunas de las obras expuestas son únicas, como el mosaico de Virgilio. Estas piezas constituyen una fuente inestimable para las investigaciones sobre la vida cotidiana en el África romana. De la misma época romana, el museo posee también una rica colección de estatuas de mármol que representan a divinidades y emperadores romanos. Entre las obras que no puede perderse:

▶ *El Triunfo de Neptuno.* De finales del siglo II, es el mosaico más grande del mundo, con 56 medallones. No ha sido restaurado, sino que se ha conservado en el estado en que se encontró. Los mosaicos son de piedra natural.

▶ **Las obras griegas** descubiertas durante las excavaciones del naufragio de Mahdia. Se trata de las primeras excavaciones submarinas del mundo, realizadas en 1907, y que sacaron a la luz un conjunto de estatuas de bronce del siglo I, así como un busto de mármol de Afrodita.

▶ **Los mosaicos de El Jem.** Impresionantes por su cantidad, la calidad de su conservación, su tamaño, la belleza de sus detalles y la información que aportan sobre la época.

▶ **La sala del tesoro**. Con sus techos de estuco, esta sala permite valorar la belleza del palacio del Bey y alberga el mosaico de Virgilio, que muestra al poeta flanqueado por dos musas mientras se dispone a escribir un poema en honor a Dido, la fundadora de Cartago. Es como la Mona Lisa tunecina.

▶ **Un nuevo departamento alberga el tesoro de Chemtou,** con 1645 monedas de oro que datan de los siglos IV o V antes de Cristo.

▶ **Otras piezas que no hay que perderse** son las máscaras gesticulantes, las estatuas de terracota, las estelas del periodo líbico-púnico y el Corán Azul de Kairuán en el departamento islámico.

■ **PLAZA DEL 14 DE ENERO DE 2011**
La antigua plaza del 7 de noviembre pasó a llamarse plaza del 14 de enero de 2011 tras la Revolución de los Jazmines y la caída del presidente Ben Ali. Por la noche, la fuente se ilumina con luces de todos los colores y hace bailar el agua al ritmo de la música proyectada por altavoces repartidos por toda la plaza, un espectáculo que congrega a muchos tunecinos.

▶ **Desde su renovación, el reloj** de la plaza es un extraño cruce entre un obelisco egipcio y el reloj de la estación de tren de Lyon en París. La torre es de metal calado, su aguja dorada resplandece y, al atardecer, la electricidad fluye por el encaje de acero que se eleva hacia el cielo estrellado. En la fuente que se encuentra a sus pies, silenciosa durante el día, resuena

VISITA

Plaza del 14 de enero.

la música en cuanto cae la noche. Uno de los barrios más animados de la ciudad se encuentra al sur de la avenida Habib-Bourguiba, junto a la avenida Farhat-Hached y la plaza de Barcelona. Los pequeños restaurantes sirven platos franceses, el ambiente se llena de vida alrededor del mercado que está junto a la plaza de Barcelona y las cafeterías están abarrotadas.

▶ **En la plaza de la Independencia**, entre la embajada francesa y la catedral de San Vicente de Paúl, un edificio neorrománico construido en 1882, se alza la estatua de bronce de Ibn Jaldún. Por detrás de la catedral, la calle de Rome conduce a la plaza de la Monnaie, donde se encuentra el museo que lleva el mismo nombre. Puede continuar por la avenida Habib-Thameur hasta la plaza de la República, donde encontrará los bonitos jardines Thameur, y donde comienza la avenida de la Libertad, que conduce a los barrios de Lafayette y Belvédère.

▶ **El barrio** comercial se encuentra a la izquierda de la avenida Habib-Bourguiba, subiendo hacia la medina. En la calle Khaldun, le recomendamos visitar la casa de la cultura tunecina, que alberga una gran cantidad de exposiciones. Este edificio, que en su día albergó la Alianza Francesa, cuenta con un precioso mosaico en el centro. Los cines abundan en este barrio.

▶ **Gire a la derecha por Farhat-Hached** y llegará a la plaza de Barcelona y a la plaza Mongi-Bali, donde se encuentra la estación de tren. En el centro de la plaza, se alza la estatua de Mongi Bali, fundador de los *scouts* en Túnez. Desde aquí, puede continuar hacia la derecha por Abden-Wasseur, donde encontrará numerosas tienditas de prensa, fotos, calzados...

▶ **A la izquierda,** al final de la calle de España, una vía peatonal con numerosos comercios, se encuentra el mercado central. Es semicubierto y abre todas las mañanas excepto los domingos. Enamora por sus olores, sus colores y su animada música árabe.

COSTA DE CARTAGO

Cerca de Túnez, desde el puerto de La Goleta, pasando por Cartago y Sidi Bou Saïd hasta las playas de Gammarth, los veinticinco kilómetros de costa de Cartago ofrecen todos los placeres imaginables del mar y las vacaciones: casinos, campos de golf, centros de talasoterapia y galerías.

La Goleta ⭐

A 10 km de Túnez, La Goleta es una localidad muy popular en verano, pero también es el principal puerto de Túnez. El nombre de la ciudad procede del italiano *goleta*, deformación del árabe «Halk el Oued».

La Goleta sufrió numerosos ataques en el pasado, pero el más memorable fue el perpetrado por las tropas de Barbarroja en 1534. Carlos V, que se apoderó de ella, hizo construir una fortaleza hispano-turca en la parte alta de la entrada de la ciudad, que sirvió de prisión durante mucho tiempo. San Vicente de Paúl fue encarcelado allí. En aquella época, la ciudad era más conocida por su prisión que por su puerto pesquero.

Los turistas suelen contentarse con pasar por este pintoresco puerto de camino a Cartago o a Sidi Bou Saïd. Es una pena, porque La Goleta tiene mucho que ofrecer, empezando por su especialidad culinaria: el pescado. Puede buscar información sobre el festival del pescado de La Goleta, que suele celebrarse en julio (las fechas varían de un año a otro).

La Goleta es muy animada por la noche nada más entramos por el fuerte español. Los bares y restaurantes se concentran en la plaza del 14 de enero y la avenida Franklin-Roosevelt.

La Goleta.

LEYENDA DE DIDO

Cuenta la leyenda que cuando la princesa fenicia de Tiro, el actual Líbano, quiso fundar Cartago, negoció un terreno con los bereberes. Se le autorizó a tomar el equivalente de una superficie del tamaño de la piel de un buey.
La astuta princesa cortó esta piel en tiras microscópicas que colocó de extremo a extremo para delimitar el perímetro de su territorio, que se convertiría en «Qart Hadasht»: la nueva ciudad.

Cartago

Durante mucho tiempo, el emplazamiento de Cartago permaneció desconocido. Las excavaciones comenzaron en 1857 y, desde entonces, Cartago se ha hecho famosa en todo el mundo. Se ha convertido en un barrio residencial para los tunecinos, con callejuelas llenas de pimenteros y eucaliptos, buganvillas y mimosas. Hermosas villas con *mashrabiyas* se alinean en las colinas sobre la bahía, incluido el bien vigilado palacio presidencial.

▶ **Historia.** Fundada hace tres mil años por la princesa fenicia Elisa, la ciudad de Cartago tiene un pasado glorioso y atormentado. Conserva algunos vestigios de este pasado que nos recuerdan de forma no muy precisa que aquí se jugó el destino del Mediterráneo. El poder cartaginés rivalizó con el de Grecia y luego con el del Imperio romano, que tardó un siglo en superarlo. Catón el Viejo (234-149 a. C.) terminaba todos sus discursos con las palabras *Carthago delenda est*: «Cartago debe ser destruida». Y así fue. Dispersaron sus piedras y esterilizaron su suelo con sal. Conquistada por los árabes en el siglo VII, la legendaria ciudad pronto fue abandonada en favor de Túnez.

▶ Sus últimos conquistadores fueron arqueólogos e historiadores. Gracias a ellos, se han desenterrado tres milenios de historia de algunas de las mayores civilizaciones.
En la colina de Birsa, donde se encuentra el enorme museo, y gracias a las colecciones de objetos púnicos y romanos, podrá ver la Cartago de ayer y de hoy.
A pesar del fascinante pasado de la antigua capital púnica, el yacimiento arqueológico resulta un tanto decepcionante, pese a estar inscrito en la Lista del Patrimonio Mundial de la Unesco. Al haber sido destruida tres veces, no dude de que va a encontrar ruinas en la mítica ciudad de Cartago.

■ ANFITEATRO ROMANO

No hay que confundir el anfiteatro romano de Cartago con el teatro romano: podría llevarse una gran sorpresa si se presenta aquí durante el Festival Internacional de Cartago. Construido en las afueras de la ciudad en el siglo I d. C., hoy solo queda una plaza ovalada de 65 metros de largo y 37 de ancho con las entradas en los dos extremos por las que llegaban las fieras. Lo mejor es visitar este lugar con un guía, que hará que las ruinas vuelvan a cobrar vida.

CARTAGO

Parque o jardín

Metro ligero

Mar Mediterráneo

0   200 m

Basílica Majorum

Cementerio americano

PARQUE ARQUEOLÓGICO

R. Salmoin

R. de l'Union

R. de la Liberté

Estación Amilcar

Cisternas Dar Saniet

Basílica de San Cipriano

Basílica de Damous-El-Karita

Cementerio cristiano

Muralla teodosiana

Estación Présidence

R. V. Hugo

R. A.K. Chabbi

Palacio presidencial

Monumento Circular

Villas romanas

Teatro romano

Colina de l'Odéon

Cisternas

Parque arqueológico de las Termas

Termas de Antonino

Av. des Thermes d'Antonin

Baños de Gargilius

R. Mohamed Ali

Avenue Didon

R. Junon

R. Florus

Estación Hannibal

Av. de la République

R. Sophonisbe

PTT

R. Procope

Avenue Didon

R. de l'Amphithéâtre

Antigua catedral Museo Nacional de Cartago

Barrio púnico

R. Pierre Vienot

R. Odba ibn Nafía

R. Pdr Kennedy

Estación Dermech

R. Ibn Chabaat

R. Severa

Barrio de Magon

Anfiteatro romano

PARQUE ARQUEOLÓGICO

Circo

Av. Tite Live

R. Echmoun

Basílica de Dermech

Estación Dermech

RTE. DE LA GOULETTE

R. Hannon

R. Asdrubal

R. Pine

R. Baal Hammon

R. Belisaire

R. Taïeb Mehiri

R. cdt M. Bizani

Puerto militar

R. Ali Belahouane

R. Odba ibn Nafía

R. Janbil

Av. du 20 mars 1934

R. Roussel

Tiberi

R. Hábib Thameur

Byrsa

R. Station

Estación Carthage

R. Hannibal

Puertos púnicos

Santuario de Tanit (Tofet)

Museo Oceanográfico

Puerto comercial

R. M.T. Khelef

R. Ibn Maiz

R. de Yasmina

R. Houssine

R. Bori Ouassim

R. Hannibal

Antoine

R. Hidden

R. Missoia

Av. Farhat

Estación Salambó

R. la Kahena

Av. de la Plage

R. Aristobe

RTE. DE LA GOULETTE

■ BASÍLICA DE DAMOUS-EL-KARITA ⭐⭐⭐

La basílica de Damous-El-Karita es una iglesia cristiana. Se encuentra bajo la meseta del Odeón y forma un enorme complejo con dos antiguas basílicas de las que solo quedan los cimientos. Durante las primeras excavaciones de 1878, se encontraron varias inscripciones funerarias, que actualmente se exponen en el Museo Nacional de Cartago. Es el complejo arquitectónico cristiano más importante que se conoce en la capital del África proconsular.

■ BASÍLICA DE SAN CIPRIANO ⭐

Desgraciadamente, queda muy poco de este edificio, que tenía siete naves y catorce tramos. La basílica de San Cipriano se encuentra a cien metros del mar, en la colina de Santa Mónica, por lo que también se la conoce como la «basílica cercana a Santa Mónica». Las basílicas cristianas de Cartago fueron excavadas intensamente por los Padres Blancos a partir de la década de 1880. Este complejo basilical es más pequeño que la basílica de Damous-El-Karita. Sin embargo, ofrece unas hermosas vistas panorámicas sobre el golfo de Túnez y el parque Djebel Boukornine.

■ COLINA DE BIRSA O BARRIO PÚNICO ⭐⭐

La visita a la colina de Birsa es imprescindible para comprender las diferentes épocas que conformaron la ciudad de Cartago. También ofrece unas magníficas vistas de Túnez, de sus suburbios y de la montaña sagrada, que no está muy lejos. Los romanos excavaron la cima de esta montaña y la despejaron para construir una gran plataforma. Esta plataforma sería la base de la gran Cartago. El terreno que se extiende bajo sus ojos se conserva igual que estaba el día después de que los romanos destruyeran la ciudad. Construida en la época de Aníbal, las calles se cruzan en ángulo recto. Desde los cuatro miradores situados en los grandes muros de construcción romana, podrá apreciar mejor la disposición de las distintas viviendas. El barrio púnico, descubierto durante

Catedral de San Luis de Cartago.

unas excavaciones arqueológicas en 1972, muestra el trazado de una ciudad púnica y el antepasado de los mosaicos: la *pavimenta punica*. Es fácil comprender por qué los mosaicos romanos desempeñan un papel tan importante en Túnez. Cabe señalar que los fenicios, procedentes de Libia y Siria, fundaron Cartago al mismo tiempo que otras ciudades y puestos comerciales en el Mediterráneo. Aunque el museo nacional está cerrado sin fecha fijada para su reapertura, recomendamos visitarlo para comprender mejor la importancia de la ciudad, difícil de leer en el amasijo urbano en el que se ha convertido en la actualidad. Recomendamos ir con un guía cultural para entender mejor lo que hoy son solo ruinas.

■ MUSEO NACIONAL DE CARTAGO

Plaza de la Unesco
Justo detrás de la catedral, en la colina de Birsa.
Es uno de los principales museos arqueológicos del país después del Museo Nacional del Bardo. Expone objetos de época romana (mosaicos, esculturas, cerámicas, bajorrelieves, lámparas, etc.), púnica (sarcófagos, tinajas, cerámicas, joyas, etc.) y paleocristiana (mosaicos funerarios, epitafios, lámparas, etc.). Destacan la colección de betilos y estelas del tofet de Salambó, los sarcófagos de mármol descubiertos en la necrópolis de los Rabs y el mosaico de la Dama de Cartago.

■ MUSEO OCEANOGRÁFICO DE SALAMBÓ - DAR EL-HOUT

Rue du 2-Mars-1934, 28
✆ +216 71 730 420
www.instm.agrinet.tn
hechmi.missaoui@instm.rnrt.tn

Construido en 1924 en el emplazamiento del palacio de Sufetes del Mar, este museo oceanográfico presenta las maravillas del mundo marino a través de once salas temáticas: Túnez como país marino, Túnez y el Mediterráneo, acuarios de agua dulce, lagunas, islas y especies protegidas, etc. Es un lugar lleno de historia y ciencia que trabaja para preservar el patrimonio marítimo del país y hacer avanzar la investigación y el conocimiento.

■ PUERTOS PÚNICOS

Construidos en el siglo III a. C., estos puertos tenían capacidad para cuatrocientos barcos y eran los garantes del poder de Cartago y el símbolo de su poderío. En la antigüedad, la ciudad era conocida como el Imperio del Mar. El más pequeño era el puerto comercial y el otro era la base militar. En aquella época, altas murallas separaban los dos puertos, pero ya no queda nada de las fortificaciones que los defendían de la amenaza del mar. Durante las excavaciones, se desenterraron restos púnicos, como columnas, pavimentos y algunos objetos.

■ BARRIO DE MAGÓN

Situado frente al mar, al sur de las famosas termas de Antonino, el barrio de Magón fue el último en escapar a la urbanización. Las excavaciones que se llevaron a cabo sacaron a la luz la única parte visible de las murallas de Cartago, de finales del siglo VI o principios del V a. C., con sus bloques de cimentación, uno de los cuales pesaba más de trece toneladas. Los excavadores pudieron determinar que existió un urbanismo organizado, con calles de tres metros de ancho y una vía de nueve metros. Es difícil imaginarlo a día de hoy.

■ TERMAS DE ANTONINO ⭐⭐⭐

Si solo pudiera visitar un yacimiento arqueológico en Cartago, le recomendamos que sea este. Las termas de Antonino son una maravilla. Se entra por un gran parque lleno de árboles. Un poco más adelante, tendrá unas vistas increíbles de las termas y de la alta columna que aún se conserva con el turquesa del mar de fondo. Estas termas datan del siglo II d. C. Su tamaño las convierte en los restos más impresionantes de la Cartago romana y en las terceras más grandes del mundo romano tras las de Caracalla y Diocleciano en Roma. Hoy solo quedan la zona subterránea y algunos restos. La columna del *frigidarium*, de 15 m de altura, es una de las doce que antiguamente sostenían los techos de las propias termas y se ha enderezado recientemente, lo que permite apreciar el esplendor y la grandeza del edificio termal. El recinto ocupaba una superficie de 4 hectáreas y, cuando estaban en uso, las termas podían albergar hasta 1500 personas al mismo tiempo. Podemos imaginarnos a los romanos viniendo aquí a bañarse, pero también a disfrutar de los numerosos servicios del lugar. Alrededor de las termas, había tiendas. El lugar, ahora en ruinas, era un importante centro de ocio, relajación y negocios. Los romanos venían una vez a la semana de media. Las termas de Antonino eran un lugar para la higiene y para la vida cotidiana. Dos bloques de mármol con inscripciones, aún visibles a día de hoy, nos han permitido datar el lugar. Una visita que no debe perderse en su viaje a Túnez.

■ TOFET DE SALAMBÓ ⭐

Rue Hannibal
Salammbô

También conocido como el tofet de Cartago, es el yacimiento púnico más antiguo de Cartago. Durante siete siglos, en este santuario se enterraron pequeñas urnas con las cenizas de los primogénitos de las familias nobles de la ciudad que habían sido sacrificados. Al sacrificarlos, aunque no ha sido confirmado por los historiadores, los cartagineses esperaban que se cumplieran sus deseos o eran en señal de agradecimiento a los dioses por cumplirlos. Los aficionados a los cómics de las aventuras de Alix pueden revivir aquí los acontecimientos de *Le Spectre de Carthage*. Lamentamos la falta de información y mantenimiento de este sitio.

■ VILLAS ROMANAS ⭐⭐

Se trata de un grupo de villas aristocráticas. Una de ellas, llamada La Volière por el hermoso mosaico que pavimenta el patio, es una villa de peristilo con unas vistas preciosas de la playa. Un camino de piedra que sigue el trazado de las antiguas calles romanas le llevará hasta allí. Debajo de ella, otra villa conocida como «de la Rotonde» tiene un trazado similar y, al otro lado de la calle, se ha restaurado otra casa conocida como «Cryptoportique» con un hermoso jardín, aunque es de difícil acceso. Son la prueba del lujo en el que vivían los aristócratas.

Sidi Bou Saïd ⭐⭐

Suspendido sobre el golfo de Túnez, Sidi Bou Saïd se ha convertido en una visita obligada en una primera visita al país. Numerosos poemas y canciones han cantado las alabanzas de este pueblecito atemporal lleno de luz y todavía auténtico. Es un lugar ideal para visitar en primavera o para salir a desayunar por la mañana, cuando el sol acaricia suavemente las blancas murallas del pueblo.

Este pequeño pueblo, que los romanos llamaban lacónicamente «la colina» o «promontorio de Cartago», se convirtió, gracias a los preceptos sufíes que le dieron su nombre en 1207, en uno de los escudos del islam contra los infieles que venían del mar. Actualmente es una perla de la costa tunecina y desea acoger a nuevos visitantes para desvelarles sus encantos. Este pueblo azul y blanco se ha vuelto casi tan ineludible como su vecino Cartago. Debe sus dos colores favoritos al barón de Erlanger, quien en 1905 convenció al *bey* de la época para que impusiera por decreto los colores blanco y azul por los que sigue siendo conocida internacionalmente.

■ CAFETERÍA DES DÉLICES
Rue Sidi-Chaabane

Es la cafetería con terraza que se ve en todas las fotografías típicas de Sidi Bou Saïd. Con unas vistas ininterrumpidas sobre la bahía, con Korbous a lo lejos y las dos montañas de Boukornine de fondo, es imposible no detenerse a mirar. Y cuando el sol se pone y los visitantes del día se retiran, el ambiente se vuelve más local, más silencioso y más tranquilo. Cabe destacar el laberinto de terrazas y las esteras de colores. Sin embargo, tiene un punto muy negativo: al igual que en la cafetería des Nattes, las bebidas son caras y el servicio no es muy bueno. Una pena.

■ CAFETERÍA DES NATTES
Plaza Sidi Bou Saïd

Aunque llegue a lo alto de la calle principal, todavía tendrá que subir algunos escalones para entrar en uno de los establecimientos más famosos de la ciudad. Clint Eastwood, Sean Connery y Johnny Hallyday fueron clientes habituales. En otras épocas, lo visitaron también Paul Klee, Simone de Beauvoir, Montherlant o André Gide y sus recuerdos aún perduran. Tumbados en las esteras, los visitantes beben a sorbos su té de menta o hacen burbujear su cachimba. Es la cafetería a la que van las personas mayores del pueblo, que acuden aquí sobre todo por las mañanas. El ambiente es muy agradable.

Mezquita de Sidi Bou Saïd.

■ CENTRO DE MÚSICA ÁRABE Y MEDITERRÁNEA ★★★

Rue 2 Mars 1934, 8
✆ +216 71 746 051
www.cmam.nat.tn
info@cmam.tn

Este museo, también conocido como palacio del barón d'Erlanger, es de visita obligada. Si sigue la ruta de la Corniche por encima del puente, se encontrará con la antigua propiedad del barón Rodolphe d'Erlanger, musicólogo y benefactor del pueblo. Se trata de un palacio blanco y cuadrado, bastante sobrio, cuya construcción ocupó al barón durante veinte años. Este dignatario británico hizo mucho por dar a conocer Sidi Bou Saïd, donde se instaló en 1912 en la casa de sus sueños acorde con el espíritu de Bou Saïd: una arquitectura elegante que incorpora estucos y cerámicas, motivos moriscos y contrastes de luz. Rodeado de un hermoso parque lleno de cipreses y pinos, y presumiendo de las vistas más bonitas que pueda imaginarse, alberga hoy un centro y un museo dedicados a la música.

Construido entre 1912 y 1922, el palacio Enneima Ezzahra («la estrella resplandeciente») está considerado un importante monumento del patrimonio arquitectónico tunecino, que combina influencias locales con elementos decorativos andalusíes-magrebíes.

▶ **Alojado en el palacio, el Centro de Músicas Árabes y Mediterráneas (CMAM)** es un complejo cultural multidisciplinar dedicado a la música y a los distintos campos de la actividad musical. Además de salas de exposición de una calidad excepcional, se ha abierto en el recinto un centro de estudios e investigación, y diversas actividades, como conciertos o un taller de fabricación de violines, dan vida al palacio. La exposición presenta la colección más completa hasta la fecha de instrumentos musicales utilizados en Túnez. Está dividida en cinco grandes grupos: instrumentos de cuerda, instrumentos de viento, instrumentos de percusión, teclados y la colección privada del barón de instrumentos musicales inusuales árabes, europeos y africanos.

▶ Rodolphe d'Erlanger adquirió varias de las casas más bonitas del pueblo para devolverles su antiguo esplendor. Una de ellas, Dar Mohsen, se ha convertido en el Ayuntamiento.

▶ **El palacio en sí** es extraordinario: todos los objetos están dispuestos de tal manera que uno puede imaginarse cómo era la vida cuando aún estaba ocupado. El palacio alberga una rica colección de manuscritos árabes, obras de arte de la artesanía musulmana y cuadros, incluidas obras del propio barón, que no solo era músico, sino también pintor. Además, ofrece unas hermosas vistas de la ciudad de Sidi Bou Saïd y del puerto. No se lo pierda.

■ DAR EL ANNABI ★★

Rue Hedi Zarrouk
✆ +216 22 31 33 31

Se construyó a finales del siglo XVIII. El abuelo del señor Annabi, actual propietario, era muftí y la gente venía a consultarle continuamente. Embellecida y convertida en residencia de verano durante el siglo XX, la casa es ahora un museo. El patio, de estilo andalusí, tiene una fuente en el centro. Algunas habitaciones son verdaderos museos que evocan la vida de antaño. También hay una sala de oración, una biblioteca,

© ENGINKORKMAZ – ADOBE STOCK

VISITA

La Marsa.

una tienda de artesanía y un gran jardín exótico. Pero es una pena que la acogida sea tan fría.

La Marsa ⭐⭐

La bahía de La Marsa es uno de los paisajes más atractivos de los alrededores de Túnez. Allí encontrará un agua verde muy cristalina, un ambiente familiar elegante y bonitas terrazas para tomar el sol o quedarse a la sombra. Cuando salga a pasear, no se pierda las antiguas residencias de los *beys,* algunas de las cuales han sido anexionadas por dignatarios y embajadores. La Marsa también alberga un gran número de casas cuyo estilo colonial contrasta con la sencillez del estilo morisco de los alrededores, casas sicilianas, antiguos palacios, la sinagoga reformada y la Kouba, un palacio construido sobre pilotes. A partir de las 17 h, podrá ir al corazón de la ciudad, a la plaza Saf-Saf (plaza de los Naranjos), para tomar algo en la famosa cafetería que lleva su mismo nombre, cuyas terrazas albergan un pozo del siglo XV. Por la noche, la playa se anima con conciertos, baños nocturnos y un reguero de paseantes.

Gammarth ⭐

Gammarth, que junto con La Marsa formaba el barrio de Megara, es ahora un centro turístico muy popular entre los tunecinos. Gammarth no es realmente un pueblo, sino una bonita costa con numerosos hoteles que no dejan de ampliarse.

La zona turística está a tan solo unos minutos de La Marsa. Gammarth es también lugar de residencia de cónsules y embajadores, y alberga varias residencias preciosas de los antiguos *beys.* Su espectacular mezquita contemporánea con minarete cuadrado merece una visita. Cerca de allí, en el Djebel Khaoui, se encuentra un cementerio militar francés donde están enterrados 1200 soldados que murieron durante la campaña de Túnez.

El litoral de la Costa de Coral, con sus atractivos históricos y turísticos, se extiende a lo largo de 300 km desde el oeste de Túnez hasta la frontera argelina, pasando por Útica, Bizerta y Tabarka. Bulla Regia, un yacimiento romano cercano, y la Kroumirie, una gran zona montañosa llena de vegetación donde abunda la caza, son algunas de las atracciones de esta región que ha sabido preservar perfectamente su calidad y su entorno. Es la región agrícola por excelencia y en su día fue el granero de Roma. Pero antes, en las regiones situadas entre los puertos de Bizerta y Ghar El Melh, los amantes de la arquitectura podrán deleitarse con los asentamientos fundados por los moriscos que huían de la Andalucía reconquistada por los Reyes Católicos.

Útica ⭐⭐

Útica es el recuerdo de la que fue una de las ciudades más importantes de África en la Antigüedad. Útica fue la primera colonia fenicia en el siglo XII a. C., tres siglos antes de la fundación de Cartago, y se encuentra a medio camino entre Túnez y Bizerta. La antigua capital de África, que se unió a Roma durante la Tercera Guerra Púnica, ya no tiene mucha influencia romana, pero podemos recordar su larga historia al pasear por sus calles.

Cabe señalar que Catón de Útica (93-46 a. C.), bisnieto de Catón el Viejo, el hombre que con su *Carthago delenda est* aseguró la determinación de Roma de destruir Cartago de una vez por todas, no nació, a pesar de su nombre, en Útica, sino que se suicidó allí al enterarse de que el líder de su partido, Pompeyo, había sido derrotado por las tropas de César en la batalla de Tapso. Por tanto, este apodo solo se le atribuyó *post mortem* y no aporta ninguna información sobre su vida. Conforme nos acercamos a la ciudad desde Túnez, vemos aparecer los primeros olivos.

◼ YACIMIENTO Y MUSEO DE ÚTICA

Útica era una ciudad costera que varios autores (Appiano, César, Catón el Joven, etc.) mencionaron en sus escritos por su puerto. Estaba situada al fondo de un golfo, cerca de la desembocadura del Medjerda. Sin embargo, con el paso de los siglos, los aluviones han bloqueado el golfo, lo que ha provocado el retroceso del mar, que ahora se encuentra a 12 km de la antigua ciudad. Útica fue descrita como un importante puerto en tiempos de Julio César y allí podemos encontrar tumbas púnicas y restos romanos. Es una pena que al yacimiento arqueológico no se le dé más importancia.

El museo está situado al final de un jardín arqueológico donde se pueden ver los restos de unas pequeñas termas romanas. Consta de dos salas: la de la derecha contiene colecciones púnicas con muchos de los ajuares encontrados en las tumbas de las necrópolis.

Encontramos vasijas de cerámica y otros objetos importados de Grecia e

Italia, joyas, objetos de marfil y hueso e incluso cáscaras de huevo de avestruz. La otra sala recorre la época romana, con objetos procedentes de necrópolis y viviendas. Las estatuas son interesantes: encontramos una estatua de mármol del dios Esculapio, el héroe sanador hijo de Apolo y de la infiel amante mortal Coronis, traducido como el dios romano de la salud y la medicina. También podemos ver la estatua de mármol del sátiro Marsias, que desafió a Apolo y fue castigado, así como una escultura sobre una fuente que muestra a Ariadna dormida. Por último, encontramos una estatua de piedra de Hércules.

Raf Raf ⭐

La playa de Raf Raf y sus paisajes son preciosos. La llegada por la carretera de montaña es espectacular. Una vez llegue a la playa y vea el acantilado, le entrarán ganas de recorrerla a nado, pero no podrá a no ser que sea Mireia Belmonte. El número de habitantes puede duplicarse en verano con el regreso de los que emigraron a Bled o con la llegada de bizertinos que vienen a pasar el fin de semana en esta pequeña y animada localidad, ya que su playa, frente a la isla de Pilau, es una de las más populares de la zona. Encontrará un ambiente realmente acogedor en un pueblecito encantador que en verano se llena sobre todo de turistas tunecinos. Quitando la magia de la llegada, hay poco que hacer aquí y quienes desean descubrir la antigua arquitectura costera suelen preferir el pueblo de Ghar el Melh.

En las laderas cercanas, se elabora un preciado vino moscatel que procede de las vides que se extienden en terrazas sobre la bahía.

Raf Raf también debe su reputación a sus bordados y encajes, utilizados en la confección de trajes tradicionales.

© SAMY SNOUSSI – SHUTTERSTOCK.COM

Raf Raf.

Bizerta

Situada al noroeste de Túnez, la posición de Bizerta en el corazón del Mediterráneo y su proximidad a un vasto lago que comunica con el mar la convierten en una ciudad costera cada vez más popular, sobre todo para los tunecinos. Antiguo puesto comercial fenicio en el primer milenio antes de Cristo, la ciudad cayó bajo la influencia de Cartago tras la derrota de Agatocles durante las guerras púnicas. Tras nueve siglos de historia púnica, fue ocupada por los romanos, que la elevaron a la categoría de colonia.

Posteriormente, la ciudad fue conquistada por los ejércitos musulmanes, que le dieron su nombre actual. En 1535, las tropas de Carlos V tomaron la ciudad antes de que los turcos las expulsaran en 1574. A principios del siglo XVIII, Bizerta era una ciudad próspera gracias sobretodo a su puerto, una base pirata con un gran número de cautivos cristianos.

Escenario de numerosas guerras, fue primero el rey de Francia quien ordenó bombardear la ciudad a finales del siglo XVII, después el conde de Broves en 1770, y unos quince años más tarde, los venecianos. La ciudad prosperó bajo los hafsíes y aún más con la llegada de la última oleada de andalusíes expulsados de España. Todo esto acabó con la creación de un nuevo barrio. Gracias a la abundante pesca del lago, la ciudad pudo sobrevivir exportando toneladas de pescado a la capital, así como a Francia e Italia.

En 1786, se concedió a Francia, mediante un decreto, la exclusividad de la pesca del coral. Obviamente, esto atrajo la codicia de los contrabandistas, que acudieron desde Marsella, Córcega, Sicilia y otros lugares. Cincuenta años bastaron para acabar con el coral: el número de contrabandistas de coral descendió de ocho mil en 1800 a dos mil en 1850.

La ciudad de Bizerta siempre ha acogido a todo el mundo. En 1917 dejó atracar a un barco cargado de ejecutivos rusos que habían venido a refugiarse en Túnez y algunos de ellos siguen viviendo en Bizerta.

Otra tanda de españoles, republicanos que también habían sido expulsados de su país, se instaló en Bizerta. Con la llegada del protectorado, Francia instaló aquí una base naval, que no abandonó hasta 1963.

Aunque no sea un destino muy turístico, ha conservado su autenticidad. El viejo puerto, la casba, una antigua fortaleza del siglo XVII, y el pequeño fuerte de Sidi el Henni, hoy transformado en un teatro al aire libre, forman un bello conjunto arquitectónico. Las calles que bajan desde la medina hasta el viejo puerto están repletas de mezquitas, casas moriscas y zocos.

■ GRAN MEZQUITA DE BIZERTA

La Gran Mezquita se construyó en el siglo XVII. El minarete, de estilo otomano, es octogonal y tiene varios pisos. El último piso, curiosamente más ancho que la torre, está flanqueado por un voladizo formado a cada lado por tres pequeños arcos que descansan sobre unas ménsulas. Con sus preciosas piedras amarillas, es el minarete más bonito que se alza sobre la ciudad. Muy cerca de la mezquita se encuentra la zagüía de Sidi Mokhtar Dey, patrón de la ciudad de Bizerta.

VISITA

■ CASBA DE BIZERTA ★★

La casba llama la atención por sus bonitas calles estrechas que parecen congeladas en el tiempo. La parte más antigua tiene un único acceso. Aquí no se cruzará con ningún coche, sino, a veces, con carros tirados por burros. Hay muy pocas tiendas y varias casas están aún en construcción. Durante mucho tiempo, la casba pareció abandonada en comparación con otras ciudades antiguas del país. Algunos *dars* han sido comprados y transformados, pero no siempre han respetado el entorno. Es un lugar tranquilo y agradable para pasear.

■ PUERTO VIEJO DE BIZERTA

Aquí se encuentra el alma de Bizerta. El viejo puerto está rodeado de murallas que parecen protegerlo como una joya y ofrece un bonito abanico de colores. Las casitas blancas de un lado y las coloridas del otro rebosan encanto, los barcos se cruzan entre sí... El único inconveniente son los tres edificios modernos que estropean parte del paisaje, incluido un puerto deportivo que todavía está en construcción. Con todo, la zona es ideal para dar paseos tranquilos o pasar animadas veladas degustando el pescado. ¡Nos encanta!

Parque Nacional de Ichkeul ★★

Antiguo coto de caza de la dinastía de los hafsíes, el parque es Patrimonio Mundial de la Unesco desde 1980. Situado al suroeste de Bizerta, el parque nacional más famoso de Túnez y su lago de más de 9000 hectáreas son atractivos sobre todo por su magnífico entorno montañoso. Sin embargo, los alrededores son poco notables y las aguas del lago están turbias.

Las vistas desde la carretera de Teskraia, al norte, o desde la pequeña carretera que sube por la derecha entre Menzel Bourguiba y Mateur, por encima de la orilla sur, son preciosas. Sobre el parque,

Parque Nacional de Ichkeul.

al oeste, se alza un volcán inactivo. Clasificado como reserva natural, está bajo la protección de la WWF (Wild World Foundation). Es una de las zonas donde pasan el invierno las aves acuáticas norteafricanas, incluidas algunas especies muy raras de rapaces, así como búfalos, chacales, etc. Este raro ecosistema se debe a que, en invierno, los arroyos alimentan el lago con agua dulce y la salinidad se vuelve baja. La flora y la fauna se han adaptado a este entorno y ha dado lugar a la existencia de especies raras y únicas. Los patos, que emigran durante el invierno en busca de un clima más cálido, prosperan aquí en esta época del año. El museo de la WWF se encuentra en un atractivo edificio adornado con mosaicos y rematado con cúpulas de color turquesa.

La mejor época para visitarlo es en primavera, cuando hay más posibilidades de ver aves, mamíferos y reptiles. A su alrededor, encontramos enormes campos rodeados de montañas.

Sejnane

Se trata de un auténtico pueblo de cigüeñas, que eligen los tejados para construir sus nidos cuando llega el frío europeo. De economía principalmente agrícola, Sejnane alberga un instituto de investigación agrícola a la salida de Tabarka. Pero su reputación en todo Túnez se basa en su cerámica con formas y motivos característicos, a medio camino entre el arte primitivo y las esculturas aztecas, que se vende en la carretera de Bizerta a Sejnane. Podrá contemplar estas coloridas creaciones en uno de sus talleres artesanales. En los alrededores del pueblo se extrae hierro, zinc y plomo. Habitado por bereberes, el pueblo fue autosuficiente durante muchos años: explotó los bosques de los alrededores, crio ganado y cultivó tabaco.

Nefza

Es un pueblecito animado con una playa preciosa a la que aún no va mucha gente, la Zouraa, y que está destinada a convertirse algún día en una atracción turística. Tiene el ambiente de las pequeñas ciudades del norte de Túnez: muy tranquilas y acogedoras.

Tabarka

La ciudad posee una rica historia y ha sido testigo del paso de las civilizaciones fenicia, romana, árabe y turca. Fundada en un principio por los númidas, que establecieron aquí un puesto comercial, Tabarka se convirtió en una colonia romana. En los siglos III y IV, los romanos exportaban productos mineros, agrícolas y forestales del interior, como corcho, madera y mármol, además de comerciar con animales salvajes para los juegos circenses. La ciudad era un punto estratégico y un puerto importante. Tras conquistar Cartago, los árabes dirigidos por Hassan ibn Noôman llegaron aquí en el 702 para librar su última batalla contra los bereberes dirigidos por la reina Kahina. La reina, al borde de la muerte, aplicó la política de tierra quemada para impedir a los invasores reclamar la tierra. No solo quemó huertos y cultivos, sino que también destruyó los castillos. Algunos bereberes furiosos se pasaron al bando de los árabes. La reina fue capturada, la decapitaron y le llevaron su cabeza al califa. El nombre «Tabarka», de origen bereber, significa «tierra de brezo», o Thabraca, «el lugar sombrío», para los fenicios.

Sus habitantes son conocidos como tabarkinos o tabarqueses, en contraposición a los tabarquinos, que hace referencia a los genoveses que vivieron en la isla de Tabarca, frente a la costa de Alicante, hasta el siglo XVIII.

Tras las invasiones, la ciudad perdió importancia hasta el siglo XVI, cuando Carlos V tomó la ciudad. En 1781, Francia logró instalarse aquí y obtuvo para la Real Compañía Africana el privilegio exclusivo de la pesca del coral.

La ciudad fue próspera y se dotó de magníficas villas y bellos edificios públicos. Durante la era cristiana, se convirtió en uno de los obispados más importantes de África. Se construyeron numerosos conventos, basílicas y capillas. En noviembre de 1942, las tropas de la Francia Libre tomaron la ciudad y la convirtieron en una base de defensa, cerrando el acceso a Argelia. En 1952, exiliaron aquí al líder nacionalista y futuro presidente Habib Bourguiba y después lo enviaron a La Galita las autoridades coloniales francesas. El *boom* turístico de Tabarka comenzó en la década de 1970. Actualmente, es un lugar ideal para practicar el submarinismo (sus fondos marinos son famosos por su riqueza y se practica la pesca del mero y la langosta), el golf, ir a la playa y dar paseos por las montañas de Krumiria.

▶ **Tabarka tiene dos vías principales**: la avenida Bourguiba, como en la mayoría de las ciudades, y el puerto deportivo, con su plétora de restaurantes y cafeterías.

▶ **Avenida Bourguiba**. El animado centro de la ciudad se mueve al ritmo de la música. Es la arteria principal de la ciudad, donde se encuentran las principales tiendas de corte y venta de coral, la gran especialidad de la ciudad.

■ **LES AIGUILLES DE TABARKA**

Les Aiguilles («agujas») monolíticas, de unos 20 metros de altura y erosionadas por el mar, son el emblema de la ciudad y el lugar preferido de muchos tunecinos, que les tienen un cariño especial. Se llega a ellas siguiendo el paseo marítimo desde el puerto. Estas rocas gigantescas, dentadas y puntiagudas son de arenisca del Oligoceno, rica en hierro. La erosión ha esculpido estas extravagantes formas rojizas en forma de espolones. Se puede llegar en coche en dos minutos, pero la mejor forma de disfrutar del lugar es a pie.

■ **BASÍLICA**

Frente al Café Andalou

La basílica de Tabarka es una antigua cisterna romana del siglo III d. C. que fue transformada en lugar de culto por los Padres Blancos, que instalaron ventanas y les dieron a los pilares cuadrados una forma hexagonal. Hasta hace poco, este edificio de un único uso era el lugar preferido para celebrar los eventos culturales de la ciudad, incluido el festival de jazz. Pero la basílica está en restauración y todavía no se sabe cuándo la van a reabrir.

■ **FUERTE GENOVÉS**

Construido sobre una colina, el fuerte genovés domina la ciudad de Tabarka: mire hacia arriba y lo encontrará enseguida. Construido por los Lomellini, tiene un exterior muy imponente, aunque poco más se puede decir de él. Con vistas al mar Mediterráneo, es la prueba de la presencia de los italianos en Tabarka. El edificio conserva así la memoria de los tabarkinos. Se puede llegar a pie o en coche. Las vistas de la ciudad de Tabarka son magníficas. Tenga en cuenta que solo se puede visitar el exterior, pero los que tengan la suerte de ganarse al vigilante podrán entrar.

■ PLAYAS ⭐⭐

Las playas de los alrededores de Tabarka son ideales para los que buscan tranquilidad: en Melloula encontramos al oeste, a unos 10 kilómetros hacia cabo Rojo, la playa rocosa de Messida. Hacia el noreste, en dirección a Bizerta, encontramos un bonito litoral con numerosas calas de gran belleza: Berkoukech, rocosa y salvaje, Jebara, una playa enorme de arena rodeada de un bosque de eucaliptos y, un poco más lejos, cabo Negro y la playa de Sidi Mechrig, con sus magníficos miradores. Una visita obligada para los amantes de la playa.

■ PUERTO DEPORTIVO ⭐

El puerto deportivo de Tabarka será el centro de sus excursiones. Tiene capacidad para un centenar de embarcaciones y el principal motivo por el que la gente viene es para comer pescado en uno de los pequeños restaurantes que bordean el puerto. Se trata de un pequeño puerto deportivo con numerosas terrazas, que recibe a un gran número de turistas en temporada alta. Fuera de los meses de verano, el clima suave y la relativa tranquilidad del pueblo crean un ambiente propicio para pasear tranquilamente. Es el punto de partida de excursiones de pescaturismo.

■ TEATRO DEL MAR

Les Aiguilles
Este teatro al aire libre fue inaugurado en 2018. Es un teatro enorme con capacidad para 6500 personas que da directamente al mar. Acoge eventos artísticos de todo tipo y los espectadores pueden disfrutar de lo que ocurre en el

Isla de la Galita.

VISITA

escenario, pero también del hermoso paisaje con las aguas turquesas y el fuerte genovés. Se puede llegar en coche o, mejor aún, a pie por el paseo marítimo, que se puede prolongar desde Les Aiguilles. Es un agradable paseo junto al mar aunque no vaya a ver ningún espectáculo

Isla de la Galita ⭐

A más de 50 km de la costa más cercana, el archipiélago está formado por siete islas con nombres similares, entre ellas, Gallo, Galline, Galiton y La Galita. Es el punto más septentrional de Túnez y, además, se trata de una prolongación de la plataforma continental tunecina. La profundidad entre el continente y las islas no supera los 200 metros. Los submarinistas conocen bien el maravilloso entorno de este archipiélago donde habita una colonia de focas única en el Mediterráneo, que está, por supuesto, protegida.

El archipiélago alberga un gran número de especies raras, endémicas y amenazadas y es de gran importancia en cuanto a la biodiversidad. Entre ellas encontramos el alga parda endémica, bioindicadora de aguas puras; el alga calcárea roja, que indica la presencia de un fondo de maërl en peligro de extinción en todo el Mediterráneo; el bivalvo grande, en peligro de extinción; los gasterópodos, bioindicadores de las costas del Mediterráneo occidental; y la langosta, de la cual se pescan unas treinta toneladas al año. La isla de la Galita es la mayor de todas y está habitada por pescadores y repleta de viñas. También encontramos restos romanos y púnicos. La Galita y sus alrededores siempre han atraído a los navegantes por sus ricos fondos marinos y, sobre todo, por su coral.

Aïn Draham

El pueblo fue fundado por europeos en una época en la que la región estaba poblada por tribus nómadas. Este bonito lugar, situado a 750 m de altitud, se alza sobre la llanura de Tabarka, a 26 km de la ciudad de Tabarka. La zona es conocida por la pureza del aire que se respira y el follaje que rodea la ciudad indica que no hay escasez de agua. Sus aldeas se extienden de una ladera a otra y se trata de una buena ciudad de montaña para disfrutar de un aire más fresco durante los meses de verano. Pero Aïn Draham atrae más a los visitantes en invierno, cuando el campo es aún más verde y la nieve cubre la ciudad. Los puestos venden productos locales, como las alfombras de Krumiria, cuya producción se retomó a principios de los años ochenta. Se puede visitar el taller de fabricación de kilims y alfombras. En lo alto del pueblo, casi en el bosque, hay un taller de carpintería. Aïn Draham es un lugar animado, sobre todo el día que hay mercado. Es la única región de Túnez donde le ofrecerán jabalí, es decir, cerdo, en todos los restaurantes del pueblo.

Béja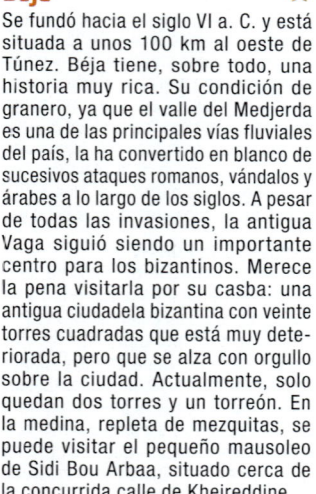

Se fundó hacia el siglo VI a. C. y está situada a unos 100 km al oeste de Túnez. Béja tiene, sobre todo, una historia muy rica. Su condición de granero, ya que el valle del Medjerda es una de las principales vías fluviales del país, la ha convertido en blanco de sucesivos ataques romanos, vándalos y árabes a lo largo de los siglos. A pesar de todas las invasiones, la antigua Vaga siguió siendo un importante centro para los bizantinos. Merece la pena visitarla por su casba: una antigua ciudadela bizantina con veinte torres cuadradas que está muy deteriorada, pero que se alza con orgullo sobre la ciudad. Actualmente, solo quedan dos torres y un torreón. En la medina, repleta de mezquitas, se puede visitar el pequeño mausoleo de Sidi Bou Arbaa, situado cerca de la concurrida calle de Kheireddine.

Testour

Testour, a 80 kilómetros al oeste de Túnez y a 40 de Béja, está construida en las laderas de la llanura excavada por el río Medjerda. Su aspecto original se debe a sus orígenes andalusíes: fueron refugiados españoles quienes fundaron la ciudad en el siglo XVII, y su huella sigue muy presente. La Gran Mezquita, por ejemplo, se construyó en estilo español y data de los primeros tiempos de la ciudad. Testour cuenta con otras mezquitas, todas ellas decoradas con admirables motivos. Al sur de la ciudad, una zagüía construida en 1733 alrededor de la tumba de Sidi Naceur el Garouachi sigue siendo frecuentada por devotos que buscan el favor divino. Por último, Testour acoge cada verano un festival de *malouf*, un estilo de música tradicional que mezcla influencias árabes y españolas.

◼ GRAN MEZQUITA DE TESTOUR ⭐

Fue construida en la primera mitad del siglo XVII por moriscos emigrados a Túnez. Sus muros son de piedra de Tichilla, un antiguo emplazamiento sobre cuyas ruinas se construyó la ciudad. Como los de la mezquita de Córdoba, sus tejados son de tejas vidriadas de colores. La sala de oración tiene nueve naves y la central está rematada por dos cúpulas: una delante del mihrab y otra en el centro. Junto al patio había un reloj de pared.

Bulla Regia ⭐⭐

Este yacimiento romano, uno de los cuatro más importantes de Túnez, fue originalmente una ciudad real (*regia*) númida fundada en el siglo III a. C. Bulla Regia estuvo ocupada durante casi cuatro siglos por los romanos, que no pasaron por alto la riqueza agrícola del valle del Medjerda antes de pasar a manos de los bizantinos. Estuvo habitada hasta la Edad Media, cuando fue abandonada. Las excavaciones realizadas en nuestra época han sacado a la luz varios edificios romanos. La mayoría de ellos datan del siglo III d. C., pero los más antiguos datan del año 46 a. C.

◼ YACIMIENTO ARQUEOLÓGICO DE BULLA REGIA ⭐⭐⭐

Tres cuartas partes del yacimiento de Bulla Regia siguen enterradas, pero los elementos que se han descubierto hacen que merezca la pena visitarlo. Las excavaciones siguen en curso. Lo más seguro es que le ofrezcan la ayuda de un guía, que puede ser necesaria para apreciar toda la belleza del yacimiento. La visita suele comenzar por las enormes termas de Julia Memmia, con sus interesantes mosaicos, que formaban parte de una rica villa aristocrática que llevaba el nombre de su propietaria. Aunque la disposición general es claramente visible, el complejo está mucho peor conservado que el teatro situado al este, que es bastante modesto en tamaño, pero conserva la mayoría de sus gradas intactas y sigue en uso a día de hoy. Está situado detrás de una gran plaza, cerca de un templo dedicado a Isis. Volviendo a la zona oeste, por encima de las termas, la ruta sigue hacia el norte, pasando por las ruinas de edificios de varias épocas: una pequeña fortaleza bizantina y dos basílicas cristianas del periodo intermedio (siglos VI-VII).

Es en la necrópolis donde descubrimos la parte más original del yacimiento: las villas subterráneas construidas por los romanos, no para protegerse, sino para aprovechar el frescor de la tierra. Se pueden visitar tres villas: la Casa de la Caza, cuyo atrio al aire libre, muy bien conservado, presenta una galería de columnatas que conducen a las salas y cámaras subterráneas donde se han descubierto magníficos mosaicos; la Casa de Venus Marina, la más septentrional, que también destaca por la calidad de sus mosaicos, en particular el de la Coronación de Venus; y la Casa de la Pesca, al este, más modesta y relativamente en buen estado.

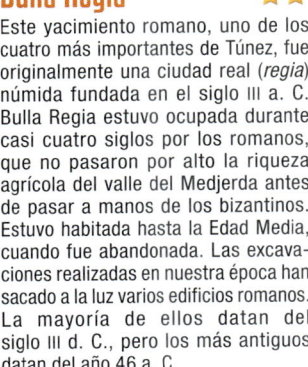

VISITA

Los tres edificios atestiguan el genio de los ingenieros arquitectos romanos, que supieron aprovechar al máximo el espacio y los materiales, y perfeccionaron la ventilación y el soporte, como demuestra la bóveda de arista de la Casa de la Caza.

El centro de la villa estaba al este, hacia el teatro. Incluía el foro, el capitolio, del que no queda nada, y un templo dedicado a Apolo. Se sale por el teatro y las termas. Frente a la entrada hay un pequeño museo con dos salas que contienen obras de arte, esculturas, monedas y una tumba.

Desgraciadamente, como ocurre con muchos yacimientos arqueológicos, las piezas más raras, sobre todo las esculturas, se han trasladado al Museo Nacional del Bardo, en Túnez.

Chemtou ⭐

Se encuentra a 25 km de Jendouba, en la carretera del sur. Chemtou, antes llamado Simitthus, es famoso por sus canteras de mármol rojo y amarillo explotadas por los romanos y era originalmente un pueblo númida. Las canteras comenzaron a explotarse en el siglo II d. C. En una de las colinas cercanas hay un santuario, cuyas características arquitectónicas ayudan a establecer la importancia de la ciudad númida.

■ MUSEO DE CHEMTOU ⭐
✆ +216 78 602 143
El museo se construyó gracias a la cooperación germano-tunecina. Relata la historia antigua del país y los orígenes de las canteras de mármol y su explotación. La visita consta de un recorrido circular por cuatro salas: Geología y Protohistoria de la región de Chemtou; Mármol de Chemtou; y Chemtou: la colonia de Simitthus. La colección expuesta procede de las excavaciones realizadas en la localidad y en los yacimientos cercanos. Aunque solo se ha excavado el 10 % de la superficie, este museo permite comprender la importancia del mármol en esta región. Recomendamos visitarlo.

■ YACIMIENTO ARQUEOLÓGICO DE CHEMTOU ⭐
✆ +216 78 602 143
Se trata de una visita cautivadora para seguir los pasos de los romanos, esparcidos por las colinas. La explotación de canteras de mármol ha dejado huellas arqueológicas y epigráficas que aportan información interesante. Hoy podemos ver las canteras y la colina sagrada con sus tres santuarios, su colección de relieves y la construcción del *praesidium ergastulum,* un campamento militar. Al sur y al oeste de las colinas, se encuentran los restos de la ciudad, con su foro, su teatro y su basílica civil.

Dougga ⭐

La ubicación de Dougga, en plena naturaleza en las colinas de Téboursouk, la convierte en el yacimiento romano más bonito del país, con su capitolio, su teatro, sus termas y mucho más. Aunque esté a hora y media en coche de Túnez, recomendamos visitarla. La ciudad, cuyo nombre original era Thugga, fue fundada en el siglo VI a. C. Fue una ciudad púnica antes de quedar bajo la autoridad de los reyes númidas Masinissa y, más adelante, Micipsa, aliados de Pompeyo, que la unieron a Ifriqiya.

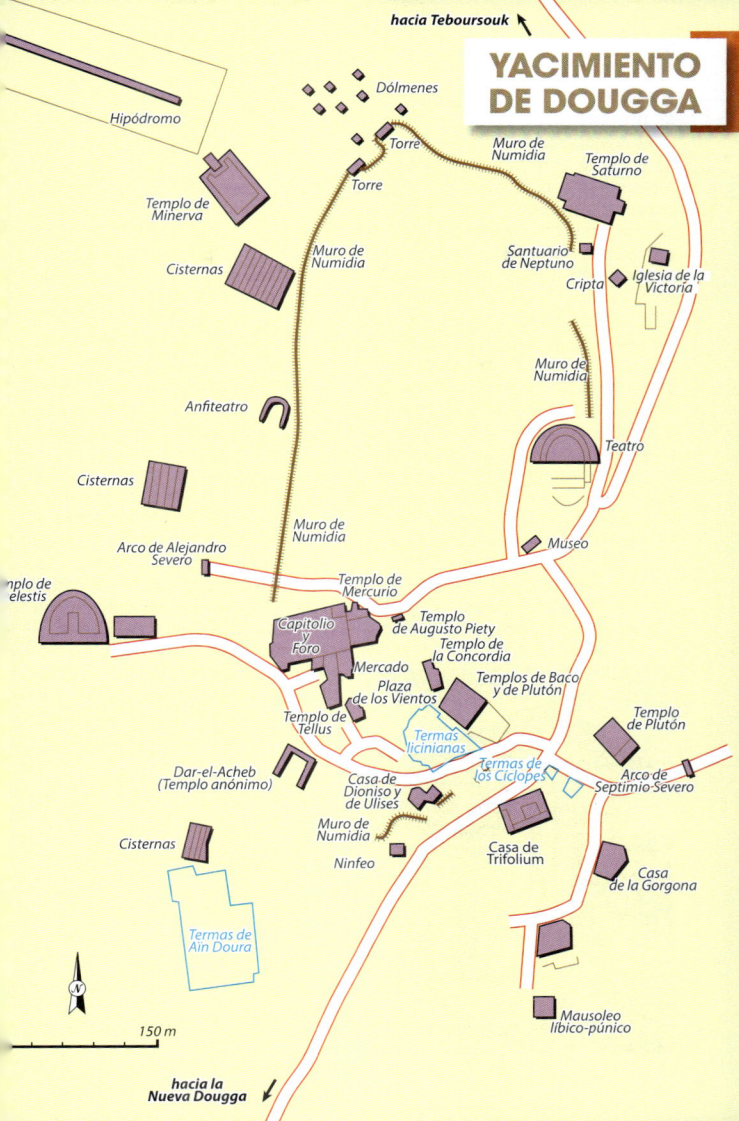

hacia Teboursouk

YACIMIENTO DE DOUGGA

Dólmenes

Hipódromo

Torre

Muro de Numidia

Templo de Saturno

Torre

Templo de Minerva

Santuario de Neptuno

Muro de Numidia

Cripta

Iglesia de la Victoria

Cisternas

Muro de Numidia

Anfiteatro

Teatro

Cisternas

Arco de Alejandro Severo

Muro de Numidia

Museo

Templo de Célestis

Templo de Mercurio

Templo de Augusto Piety

Templo de la Concordia

Capitolio y Foro

Mercado

Templos de Baco y de Plutón

Plaza de los Vientos

Templo de Plutón

Templo de Tellus

Termas licinianas

Termas de los Cíclopes

Arco de Septimio Severo

Dar-el-Acheb (Templo anónimo)

Casa de Dioniso y de Ulises

Muro de Numidia

Cisternas

Ninfeo

Casa de Trifolium

Casa de la Gorgona

Termas de Ain Doura

Mausoleo líbico-púnico

150 m

hacia la Nueva Dougga

■ YACIMIENTO ARQUEOLÓGICO DE DOUGGA ★★

www.dougga.rnrt.tn

Se trata de uno de los yacimientos romanos más bonitos de Túnez. Se encuentra en medio de un precioso paisaje y muchos de los restos están bien conservados.

La visita comienza con el teatro tallado en la piedra, que acogía a más de 2000 espectadores en veinticinco filas de gradas. Está rodeado por restos de columnas y un muro posterior en buen estado. Detrás del teatro, se encuentran los restos de un templo dedicado a Saturno. Al oeste estaba el pueblo, con el foro y la rosa de los vientos original: una esfera que recogía los doce vientos que soplaban sobre la región, la única completa del mundo romano. El monumento mejor conservado es el capitolio, dedicado a la tríada Júpiter, Juno y Minerva, construido en el 166, donde las seis columnas estriadas están casi intactas. Preceden a la sala principal. Este capitolio es uno de los monumentos más notables del África romana. Siguiendo el foro, se llega al templo de Juno Cælestis, construido a principios del siglo III. Al sur del foro, se encuentran las termas Licinianas de la misma época. Aquí encontramos una sala con doce columnas y suelos de mosaico, así como todo el complejo de las termas: una palestra para deportes de combate, vestuarios, baños turcos y varias salas que alternan el calor y el frío. Junto a las termas, se encuentra la casa de Dioniso y Ulises, que contaba con magníficas decoraciones, entre ellas un mosaico de Ulises encantado por sirenas que se trasladó al Bardo. Dirigiéndose de nuevo hacia el este, se llega a la Casa de Trifolium (el trébol), un burdel del siglo III. Cerca se encuentran unas termas privadas, las termas de los Cíclopes, en mal estado. Aquí se pueden ver las letrinas: un banco de piedra arqueado con agujeros. Su nombre procede de un mosaico descubierto allí.

Al este se encuentra el arco de Septimio Severo, el primer emperador africano. Fechado en el 205 d. C. y en mal estado de conservación, celebra la ascensión de Dougga a la categoría de municipio. Más al sur, no se pierda uno de los pocos monumentos de la civilización prerromana en Túnez: el mausoleo líbico-púnico. Data del siglo II a. C. y estaba dedicado a un príncipe númida: Ataban. El monumento, de 21 metros de altura, está decorado con motivos de inspiración griega (pilastras con capiteles eólicos y columnas jónicas) y egipcia (esfinges). El mausoleo fue dañado en el siglo XIX por los británicos, que robaron la lápida. Este mausoleo es producto de una doble cultura, libia y púnica, y

© LUKASZ JANYST – ISTOCKPHOTO

Ruinas de Dougga.

gracias a las inscripciones grabadas en ambas lenguas se ha podido descifrar el alfabeto libio.

Zaghouan

A unos 40 km al sur de Túnez y a 60 km de Testour, Zaghouan, de 7000 habitantes, ha sido tradicionalmente uno de los proveedores de agua de la capital gracias a los manantiales del Jebel Zaghouan (1295 metros de altitud).

El agua está presente en toda la ciudad, sobre todo a través de las numerosas fuentes, y ha favorecido la agricultura local, como demuestra el gran mercado agrícola de los viernes. Los principales monumentos de la ciudad también están relacionados con los manantiales cercanos. El templo de las Aguas, o Ninfeo, al pie del acantilado, se abre a la llanura en un arco alrededor de los diferentes nichos dedicados al culto de las doce ninfas, una por cada mes del año, y del genio guardián del manantial. Por desgracia, las estatuas que adornaban el templo han desaparecido.

Construido bajo el mandato del emperador Adriano, el templo desemboca en una pila que alimenta a un acueducto que data de la misma época. El acueducto tenía 70 km de longitud y suministraba agua potable a la ciudad de Cartago. Más cerca de nosotros, Zaghouan también ofrece a los visitantes su Gran Mezquita y el monumento dedicado al morabito patrón de la ciudad: Sidi Ali Azouz (siglo XIX).

■ MAUSOLEO DE SIDI ALI AZOUZ

Sidi Ali Azouz, patrón de la ciudad, llegó a Zaghouan procedente de Marruecos en 1672. Murió en 1720 y fue el fundador de la hermandad religiosa Al Azzouziya. Su mausoleo, una joya arquitectónica reconocible por su cúpula de tejas verdes, sigue atrayendo a peregrinos. Los viernes por la noche se celebran ceremonias litúrgicas. La sala que alberga la tumba de Sidi Ali Azouz está decorada con paredes de estuco tallado y azulejos de cerámica, un legado de la artesanía andalusí.

■ PARQUE NACIONAL DE JEBEL ZAGHOUAN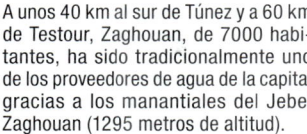

Con una superficie de 20 km², este magnífico parque natural está cubierto por un bosque de encinas, pinos carrascos y algarrobos, y cuenta con una rica fauna que incluye águilas reales, halcones peregrinos, águilas perdiceras y alimoches, así como jabalíes, chacales, mangostas, liebres, lagartos, tortugas y culebras. Los habitantes de Zaghouan también aprecian este parque por su valor espiritual: aquí se encuentran los mausoleos de los santos patronos de la ciudad, entre ellos Sidi-Bou-Grabine, uno de los primeros musulmanes que convirtieron Túnez al islam.

La belleza paisajística del escarpado Jebel Zaghouan atrae a numerosos alpinistas, tanto tunecinos como extranjeros, así como a aficionados al barranquismo y la espeleología. Para los amantes del senderismo, la equitación y la bicicleta de montaña, los numerosos senderos del Parque Natural de Zaghouan han sido cuidadosamente señalizados. Clubes y asociaciones organizan regularmente excursiones. Con la ayuda de la Asociación de Espeleología y Escalada de Zaghouan (ASEZ), se han creado varias vías de escalada en las laderas del macizo que ofrecen a los amantes de las emociones fuertes unos paisajes espectaculares.

VISITA

El mundo subterráneo del Jebel Zaghouan es rico en cuevas y simas, algunas de impresionante belleza, donde se puede apreciar lo que la naturaleza ha esculpido a lo largo de miles de años. Esta montaña alberga la sima más profunda de Túnez, conocida como la sima de los Cuatro Locos, que se hunde 265 metros bajo tierra.

■ TEMPLO DE LAS AGUAS ⭐⭐

El precioso templo de las Aguas, un ninfeo romano dedicado al culto del agua, fue construido por el emperador Adriano en el siglo II alrededor del manantial principal de la región. El Jebel Zaghouan se alza sobre esta cuenca semicircular que recogía el agua con una cubeta de decantación antes de que el agua se distribuyera por toda la región, hasta llegar a Cartago a través del acueducto. La galería albergaba doce estatuas de Neptuno y las nereidas. La mayoría de ellas se encuentran hoy en el Museo Nacional del Bardo. El templo se alza sobre la ciudad y cuenta con una exuberante vegetación que hace que sea un lugar muy bonito para visitar.

Thuburbo Majus ⭐

Este conjunto de ruinas, desenterrado a partir de 1912, es un destino interesante para los amantes de la época romana. Se encuentra a 55 km al suroeste de Túnez, en la carretera del puente de Fahs. Thuburbo Majus debe su desarrollo, mucho antes de la época romana, a su clima favorable para la agricultura. Sin embargo, la ciudad no despegó realmente hasta el año 128 d. C., cuando el emperador romano Adriano la declaró municipio. La edad de oro de Thuburbo Majus duró dos siglos, tras los cuales

fue destruida por los vándalos. A pesar del paso de muchos pueblos a lo largo de los siglos, las ruinas que pueden verse actualmente son todas de origen romano.

■ YACIMIENTO ARQUEOLÓGICO DE THUBURBO MAJUS ⭐⭐

El emplazamiento de Thuburbo Majus se encuentra en la ladera de una colina, en el corazón de un anfiteatro natural orientado hacia el oeste. La ciudad era inmensa y ocupaba casi 40 hectáreas. Apenas se ha excavado una sexta parte de la superficie de Thuburbo Majus y las excavaciones están incompletas. Se desenterraron magníficos mosaicos y fragmentos de una colosal estatua de Júpiter que ahora se conservan en el Museo Nacional del Bardo. Como resultado de estas excavaciones inacabadas, a pesar de algunos restos importantes, en particular los del capitolio, una gran parte del inmenso yacimiento sigue sin haber sido descubierto. Thuburbo Majus sigue siendo uno de los yacimientos arqueológicos más bonitos de Túnez.

▶ **Situado junto al foro**, el capitolio, el más grande de África. Se eleva por encima del foro y se accede a él por una amplia escalinata. Aún se pueden admirar cuatro de las seis columnas de casi nueve metros de altura que componían la majestuosidad de este monumento dedicado a los emperadores Marco Aurelio y Cómodo. El capitolio también incluye el templo de la Paz, destinado a atraer la protección de Júpiter, Juno y Minerva.

▶ **El foro:** fue una parte esencial de la vida política y económica de la ciudad. El foro de Thuburbo Majus es especialmente grande, con 2400 metros cuadrados. Data de finales del siglo II.

YACIMIENTO DE THUBURBO MAJUS

Capitolio

Altar

Foro

Templo de la Paz

Templo de Mercurio

Rue de Mercure

Mercado

Villa de Neptuno

Casa del Laberinto

Rue du Labyrinthe

Casa del Auriga

Rue de l'Aurige

Rue des Petronii

Termas de invierno

Palestra de Petronio

Rue des Thermes d'Hiver

Termas de verano

Iglesia bizantina

Arco de Baalat

Recinto de Caelestis

Rue de la Baalat

Templo de Baalat

N

0   500 m

▶ **El mercado y el templo de Mercurio:** al suroeste del foro, se encuentran el mercado y el templo del dios del comercio. Datan de principios del siglo II y conducen a las ruinas de una zona residencial en la que, entre los edificios romanos, se pueden ver vestigios de arquitectura bizantina y vándala.

▶ **Palestra de Petronio:** este conjunto de columnas, que debe su originalidad a su mármol negro con vetas amarillas, fue un gimnasio construido en el año 225 d. C. para albergar combates de lucha y boxeo. Lleva el nombre de la familia que lo donó a la ciudad.

▶ **La particularidad de la ciudad de Thuburbo Majus** era la presencia de dos termas, ya que en verano se secaba el pozo que abastecía a las termas de invierno. Las termas de verano estaban situadas más abajo, al oeste de la palestra, y ocupaban una superficie de 2800 metros cuadrados. Aquí se han descubierto mosaicos que también han enriquecido la colección del Museo Nacional del Bardo.

Siguiendo hacia el sureste, después del mercado, se encuentran las termas de invierno, que ocupan una superficie de 1600 metros cuadrados. Están decoradas con columnas de mármol veteado y contienen una veintena de salas. Los suelos de mosaico también se conservan en el Bardo.

El Kef

Se encuentra a 168 km de Túnez y a 150 km de Tabarka. El Kef (en árabe) es una ciudad donde la cultura se mantiene aún muy viva. Floreció en los siglos II y III y llegó a ser la sede de un obispado. Durante mucho tiempo, la localidad ocupó el tercer lugar en Túnez y fue ocupada por Francia en 1881. Hoy es un importante centro administrativo. El Kef o «La Roca», construida en la ladera de la montaña, goza de un maravilloso paisaje a más de 700 metros de altura con bosques de pinos y alcornoques a un lado y colinas onduladas al otro. La ciudad es famosa por la calidad de su agua y la pureza de su aire.

© LEONID ANDRONOV – SHUTTERSTOCK.COM

El Kef.

■ BASÍLICA ⭐⭐

La basílica de San Pedro en El Kef, también conocida como Dar El Kous, que significa «casa del arco», es una iglesia cristiana del siglo V. Construida sobre el emplazamiento de un antiguo templo romano, la iglesia está dedicada a san Pedro y está construida con piedra tallada. La basílica de San Pedro mide 39 por 15 metros y tiene seis componentes: un nártex, una nave enmarcada por dos pasillos, un coro y un ábside. Estaba tan bien conservada que se reutilizó como lugar de culto durante el protectorado francés de Túnez.

■ CASBA ⭐

Las fortificaciones de la casba se remontan a la construcción misma de la ciudad. Construido en 1601, el fuerte pequeño ocupa el lado occidental de la roca y, al este, se alza el fuerte grande, construido en varias etapas entre 1736 y 1807. Después de la arquitectura sencilla y clásica del primer fuerte, formado por cuatro torres y un patio central, este segundo complejo hace alarde de toda su envergadura e incluye una mezquita. Entre los dos complejos, se construyeron cisternas y prisiones. Las vistas de la ciudad desde lo alto de la casba son impresionantes.

■ MAUSOLEO DE ALI TURKI

Este mausoleo fue construido a finales del siglo XVII y alberga la tumba de Ali Turki, padre de Hussain Ben Ali. Ali Turki vino desde la isla de Creta como parte de su servicio militar en el siglo XVII. Su hijo, Hussain Ben Ali, tomó el poder en Túnez en 1705 y fundó la dinastía husainí, que reinó hasta la llegada de la república en 1957. De ahí proviene el otro nombre de El Kef, que a veces se llamaba «la Ciudad del Trono». El mausoleo se encuentra en la calle de Maaraket el Karama, donde se encontraba el antiguo cementerio de los *shorfa*.

■ MAUSOLEO DE SIDI BOU MAKHLOUF

El mausoleo de Sidi Bou Makhlouf es una zagüía que se construyó a los pies de las murallas de la casba de la ciudad en el siglo XVII. Cuenta con un minarete octogonal y dos cúpulas nervadas que cubren el mausoleo. Ambas cúpulas son blancas y están unidas en el interior por arcos que descansan sobre columnas antiguas. El interior está decorado con estuco cincelado y azulejos de cerámica. La tumba de Sidi Bou Makhlouf, personaje piadoso considerado patrón de la ciudad, es un lugar de devoción.

■ MUSEO DE ARTES Y TRADICIONES POPULARES DE EL KEF

✆ +216 25 51 75 23

Se trata de un antiguo complejo religioso, zagüía, de la hermandad Rahmaniyya que hoy ha sido transformado en un museo regional de artes y tradiciones populares. Expone trajes, joyas, cerámica y otros objetos antiguos relacionados con la vida cotidiana. Compuesto por cuatro salas y un patio, este museo etnográfico pretende enseñar a los visitantes las condiciones de vida de los habitantes de la ciudad y de los nómadas de la región a partir de estos objetos de la vida cotidiana.

■ TEMPLO DE LAS AGUAS

Rue de la Source

Se trata de un enorme complejo termal del Alto Imperio que contenía más de 4000 metros cúbicos de agua. El templo se encuentra a los pies de la antigua construcción en piedra de Al Kasbah.

Tras la demolición de las casas modernas de los alrededores, un importante campo de excavaciones arqueológicas reveló las estructuras y anexos de un gran complejo termal de la época romana. Este complejo se compone de varias partes: las termas y sus cisternas, el ninfeo de Ras el-Aïn, el templo de las aguas propiamente dicho, y los pórticos de lo que seguramente fuera un «patio de aguas».

Makhtar

Makhtar se encuentra al sur del Alto Tell tunecino, a 1000 metros de altitud, entre El Kef (a 70 km) y Kairuán, y fue en sus orígenes una fortaleza númida destinada a repeler a los bereberes en el siglo III a. C. El nombre latino, Mactaris, es la transposición de un nombre púnico de origen libio.

La ciudad fue púnica durante mucho tiempo, y luego massiliana. En el siglo II d. C., se convirtió en una colonia romana. Tras un siglo de crecimiento, fue ocupada por los cristianos, muy activos aquí, como demuestran los restos de varias basílicas.

A continuación, fue ocupada por los bizantinos, antes de caer en el olvido tras la invasión hilalí, la tribu árabe Anu Hilal, en el siglo XI. La Makhtar moderna no resurgió de sus cenizas hasta el siglo XIX y está vinculada a su agitado pasado por el arco del triunfo de Bab el Aïn.

La plaza del mercado, que acoge cada lunes a gente de toda la región, está repleta de pastelerías y pequeños restaurantes. La puerta de Bab el Aïn, que está muy bien conservada, es el monumento más emblemático del patrimonio local.

■ **FORO**

Construida en el siglo II d. C., esta plaza, que no debe confundirse con el antiguo foro situado más al oeste. Sigue conservado un pavimento en buen estado y llama naturalmente la atención por el arco del triunfo de Trajano. Se erigió en el año 116 d. C. en honor del emperador romano. Detrás del arco, se encuentran la basílica de Hildegund, con sus tumbas bizantinas, y las grandes termas del sur, cuyo estado de conservación permite distinguir los elementos típicos de la época: la palestra, el *frigidarium*... Todos ellos decorados con mosaicos.

■ **MUSEO**

A la entrada de la ciudad.

Compuesto por tres salas, este modesto museo expone los objetos arqueológicos descubiertos durante las excavaciones en el yacimiento de Makthar y en otros emplazamientos cercanos. La primera sala está reservada a los restos arqueológicos más antiguos. No se pierda las estelas votivas que muestran las diferentes escrituras antiguas: libia, púnica y neopúnica. La segunda sala presenta objetos de la época romana. La última sala está dedicada a las antigüedades paleocristianas y bizantinas. Justo detrás del museo, se encuentran los restos de una basílica.

Siliana

De Makhtar a Siliana hay 35 km. Si viene desde Makhtar, encontrará un precioso mirador en lo alto del desfiladero con vistas a la llanura que da a Kairuán y Siliana, al norte, a unos 10 kilómetros en línea recta sobre una meseta a más de 400 metros de altura. Alrededor de la ciudad se extienden granjas y campos de cultivo.

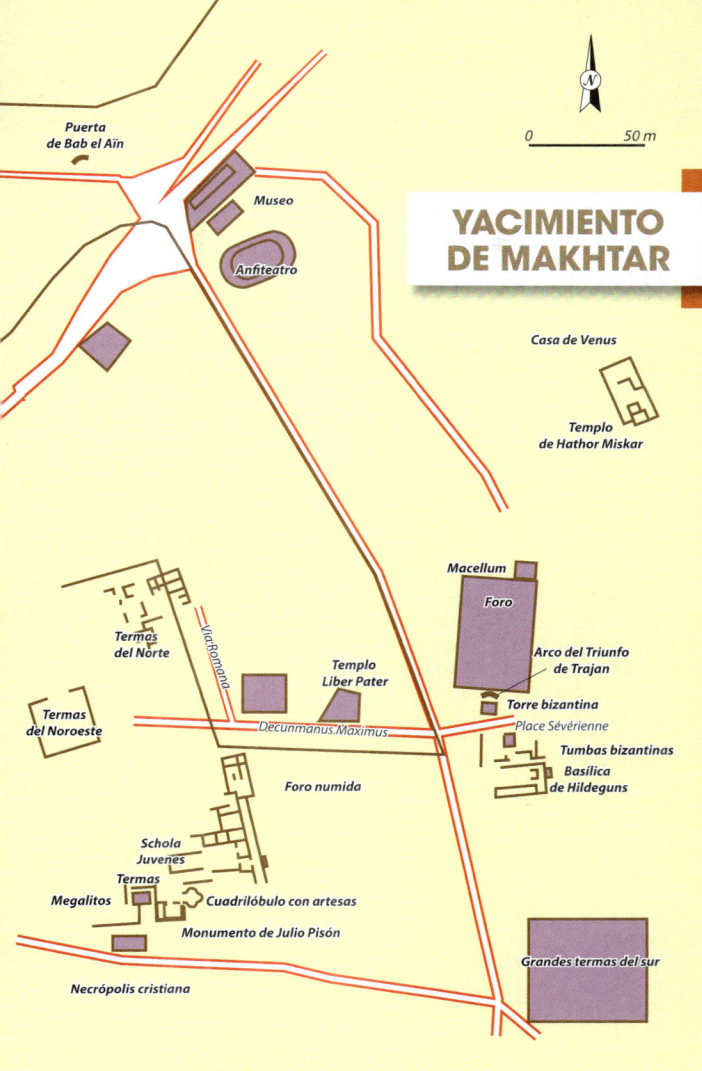

Puerta
de Bab el Aïn

Museo

Anfiteatro

Casa de Venus

Templo
de Hathor Miskar

Macellum

Foro

Termas
del Norte

Via Romana

Templo
Liber Pater

Arco del Triunfo
de Trajan

Torre bizantina

Termas
del Noroeste

Place Sévérienne

Decunmanus Maximus

Tumbas bizantinas

Basílica
de Hildeguns

Foro numida

Schola
Juvenes

Termas

Megalitos

Cuadrilóbulo con artesas

Monumento de Julio Pisón

Necrópolis cristiana

Grandes termas del sur

YACIMIENTO DE MAKHTAR

0   50 m

N

COSTA ORIENTAL

La región está dividida en cuatro gobernaciones o wilayät: Nabeul, Susa, Monastir y Mahdía. La zona es una gran fachada marítima orientada al este. Desde Hammamet, la parte oriental está formada por grandes llanuras que se extienden hasta el sur de Ben Gardane, en la gobernación de Medenine. Con sus playas de arena fina, su mar cristalino y su clima mediterráneo, la región es un destino muy apreciado por los veraneantes.

CABO BON

El cabo Bon es la punta noreste de Túnez. Esta región, con un clima agradable regulado por el Mediterráneo, ha sido tradicionalmente uno de los principales graneros del país, sobre todo por sus cultivos de cítricos, principalmente naranjas y limones, por no hablar de sus viñedos.

El cabo Bon es la cuna de la uva tunecina y en la región se producen excelentes vinos. Esta tradición se estableció en la Antigüedad bajo la influencia de los cartagineses y luego de los romanos. Estos últimos explotaron al máximo los recursos del cabo y llegaron, bajo el mando del emperador Adriano, a reformar la ley que prohibía a las colonias africanas exportar otra cosa que no fueran cereales.

A partir del siglo XIV, el cabo Bon atrajo a los refugiados andalusíes expulsados tras la reconquista de España. Estos importaron nuevas técnicas de cultivo y reforzaron la vocación agrícola de la región.

Una región marcada por la diversidad puesto que, a pesar de la religión musulmana dominante, el cabo Bon ha mantenido hasta hoy una tradición vinícola que se remonta a los fenicios, gracias sobre todo a la presencia francesa bajo el protectorado, lo que nos permite, por ejemplo, seguir degustando a día de hoy el moscatel de Kelibia, uno de los mejores blancos de Túnez.

Ezzahra

A unos 10 kilómetros de la capital, se llega a una colina al comienzo de un tramo de arena que separa el lago de Túnez del mar. Aún se pueden ver los restos de un fuerte. Bajo el dominio husainí, esta costa era un barrio residencial. Con su inmensa playa, esta ciudad costera, fundada en 1901 con el nombre de Saint-Germain, era uno de los lugares favoritos de la colonia francesa de la época.

Hammam Lif

Situada entre Soliman y Túnez, Hammam Lif es una ciudad de origen púnico famosa desde la Antigüedad por sus baños termales. Actualmente, Hammam Lif ha perdido parte de su encanto, a pesar de la siempre agradable presencia del Jebel Bou Kornine al fondo.

COSTA ORIENTAL

MAR MEDITERRÁNEO

GOLFO DE TUNEZ

GOLFO DE HAMMAMET

MAR MEDITERRÁNEO

0   20 km

✳ Punto de interés

Raf Raf
Isla Plana
Ras Sidi Ali
Ghar el Melh
El Mekki
Aousja
Kalaat el Andalous
Utica
Ariana
TUNEZ
Cabo Garnart
Gammarth
Soukra
La Marsa
Si Bou Saïd
La Goulette
Rades
Ez Zahra
Cedria
Megrine
Ben Arous
Fouchana
Hammam Lif
Mornag
Oudna
Acueducto
Jebel Oust
Zriba
Zaghouan
Zriba Village
Jeradou
Saoual
Aïn Garci
Nadhour
Takrouna
Enfida
Bou Ficha
Bou Argoub
Bir Bou Rekba
Hammamet
Soliman
Bou Zelfa
Beni Khalled
Grombalia
Tazerka
S9maa
Dar Chaabane
Nabeul
Beni Khiar
Korba
El Mida
Menzel Heurr
Tazoghrane
Hammam Laghzaz
Menzel Temime
Kelibia
Skalba
Ras Mostefa
El Oudiane
Korbous
Ras el Fartass
Ras el Ahmer
Si-Daoud
El Haouaria
Ghar el Khebir
Cabo Bon
Kerkouane
Zaoueit el Mgaiz
Azmour
Isla Zembrara
Isla Zembretta
Hergla
Menzel Dar Bel Ouar
Kondar
Si Bou Ali
Kalaa Kebira
Kalaa Seghira
Hammam Sousse
Port el Kantaoui
Susa
Monastir
Islas Kuriat
Sahli
Moureddine
Msaken
Ksiba Sahline
Ouardanine
Skanès
Khénis
Sayada
Lamta
Kneis
Bourjine
Menzel Kamel
Ksar Hellal
Teboulba
Ras Dimass
Jemmal
Touza Moknine
Bekalta
Zeramdine
Beni Hassen
Si Naija
Hiboun
Cabo Africa
Rejiche
Mahdia
Ras Salakta
Salakta
Si El Hani
Kairuän
Bou Hajla
Kerker
Bou Merdas
Ksour Essaf
Si Ben Nour
Souassi
Si Alouane
Tlelsa
Zorda
El Bihra
Chebba
Ras Kaboudia
Chorbane
Ouled Hannachi
Oglet Ganta
El Jem
Bie Bradaa
Menzel Hached
Neffatia

Soliman

Se trata de una ciudad de 41 000 habitantes donde se sentirá bien, donde la vida es fácil y donde las cafeterías están siempre llenas. En el corazón del atractivo centro de la ciudad, hay una bonita plaza donde se puede disfrutar de un Túnez de fiesta y entretenimiento permanente. Cuenta con dos enormes terrazas que suelen llenarse de gente a partir de las 17 h. Aquí comienza la vuelta a una costa más tranquila, aunque Soliman sigue impregnada del ambiente especial del cabo Bon, así que es como la puerta de entrada cuando se viene de Túnez.

■ GRAN MEZQUITA

De estilo malikí, la Gran Mezquita fue construida por los andalusíes en 1616. Lo que la hace especial es que su estilo andalusí se ha conservado hasta nuestros días: tiene un tejado de tejas redondeadas y un minarete cuadrado. En el interior, se puede ver una bóveda que descansa sobre columnas con capiteles, restos de la antigua ciudad de Gummi, que se encuentra muy cerca. El mihrab, con bóveda de cascarón, está rodeado de volutas talladas polícromas. Soliman cuenta con otra mezquita construida en estilo hanafí. Su minarete octogonal fue destruido por los bombardeos y luego reconstruido.

Korbous

A 50 kilómetros de Túnez, Korbous, una ciudad costera con siete manantiales, ya era famosa en la época romana y un destino popular para los cartagineses. Sus siete manantiales, la mayoría de ellos de agua caliente, alimentaban una red de baños de vapor subterráneos que han permanecido activos hasta nuestros días. Las aguas de Korbous tienen una amplia gama de usos terapéuticos. Cada manantial tiene su propia particularidad. Por ello, este complejo termal polivalente atiende a una clientela muy variada. Además de los tratamientos ofrecidos,

© YUSUF SAMI KAMADAN – SHUTTERSTOCK.COM

Soliman.

VISITA

Korbous.

los clientes disfrutan del aire puro, de un clima favorable y de un entorno tonificante.

El Haouaria

Situado a 25 kilómetros de Kelibia y a 60 de Korbous, es el pueblo más cercano a Europa. Cuando hace buen tiempo, desde lo alto del Jebel Abiod (393 m) se puede ver Sicilia. En la punta norte del cabo, este pueblo de pescadores intacto vive al ritmo de sus cosechas y de las idas y venidas de sus barcas. Las playas de arena blanca dan a una costa rocosa. A 2 kilómetros del pueblo, encontramos unas cuevas en la ladera del acantilado que constituyen los últimos rastros de las canteras de caliza de Ghar el Kébir. Con sus numerosas cuevas, la estructura de la costa es también un terreno favorable para las aves rapaces. El Haouaria cuenta con una larga tradición de cetrería, sobre todo durante el Festival del Gavilán, a principios de junio. El Haouaria también es conocido por su singular pesca del atún, que es conducido hasta un recinto cerrado por las barcas para matarlo luego. A los japoneses les encanta. El centro es muy pintoresco y hay un ambiente de fiesta permanente alrededor de los puestos y las bonitas cafeterías.

■ OLIVO DE ECHRAF

Echraf

¿Merece la pena desviarse para ver un árbol? Si está plantado en Echraf, sí. Este árbol es el olivo más antiguo de Túnez y se cree que uno de los más antiguos del mundo. Plantado en la época de los cartagineses, tiene al menos 2500 años, aunque es difícil datarlo con seguridad. Sus raíces cubren una superficie de unos 16 metros y su tronco tiene una circunferencia de 6 metros. El árbol está bien cuidado y sigue produciendo aceitunas. Los olivos son un símbolo de longevidad y esperanza y se dice que son eternos: este olivo es quizá la prueba de ello.

Kerkouane

Kerkouane se localiza entre El Haouaria y Kelibia, allí donde la costa se vuelve más salvaje y bonita. Pasará por Ezzahra, donde encontrará un bosque inesperado. En el corazón de este bosque, un pequeño desvío a la izquierda le conducirá a Dar Chichou: las vistas son impresionantes cuando se gana un poco de altura. En Dar Allouche encontrará una agradable cafetería entre el minarete y la gasolinera.

Kerkouane es una de las ruinas más bonitas de Túnez. Las ruinas de esta pequeña ciudad, probablemente de fundación libia, se hallan entre el mar y el bosque rodeadas por dos cabos a orillas del Mediterráneo. Pero los historiadores tienen grandes dificultades para datar con exactitud la fecha de la destrucción de Kerkouane. Existen dos explicaciones: sufrió el mismo destino que Cartago o fue destruida al final de la Primera Guerra Púnica. Una cosa es segura: su situación estratégica provocó su destino.

■ **YACIMIENTO ARQUEOLÓGICO DE KERKOUANE**   ★ ★ ★

℗ +216 72 330 466
www.patrimoinedetunisie.com.tn
contact@patrimoinedetunisie.com.tn
Nos hemos enamorado de este magnífico yacimiento a orillas del Mediterráneo. Le recomendamos visitar el pequeño museo antes de emprender la visita del yacimiento: gracias a los numerosos objetos recuperados durante las excavaciones, revela muchos aspectos de la vida cotidiana, la vida espiritual y las actividades económicas y comerciales de la época púnica. Entre ellos, se encuentra un sarcófago de madera descubierto a 500 metros de la costa, en la necrópolis, con una tapa tallada que representa a la princesa Kerkouane, que vela por los muertos. La máscara representa a Astarté.

Estas ruinas descubiertas en 1952 pertenecen a una ciudad sin nombre. Las primeras excavaciones organizadas comenzaron en 1953, pero la mayor parte de la ciudad se desenterró entre 1958 y 1959. Este bonito yacimiento está inscrito en la Lista del Patrimonio Mundial de la Unesco desde 1986.

Estas ruinas púnicas del siglo VI a. C. son muy valiosas por su respeto a la distribución original de la ciudad púnica. A diferencia del resto de yacimientos púnicos, el plan urbanístico no fue alterado por los romanos, que abandonaron la ciudad tras destruirla en el siglo II a. C. La comunidad científica está de acuerdo en que se trata de la única ciudad púnica que se ha conservado. El trazado urbano, que hoy puede verse allí mismo, data de entre finales del siglo IV a. C. y la primera mitad del siglo III a. C. El espacio urbano estaba dividido entre los ciudadanos, las divinidades y los muertos.

Las excavaciones demuestran que Kerkouane vivía principalmente de la fabricación de púrpura. También había comerciantes, vidrieros, alfareros y joyeros que exportaban sus productos a todo el mundo mediterráneo. La púrpura era muy apreciada en Cartago y Roma, donde se convirtió en el color imperial y se usó para teñir los trajes de las familias imperiales; procede de un molusco, el murex, que abundaba en las costas del cabo.

La población, estimada en 2100 habitantes que vivían en un área de 7 hectáreas dentro de las murallas de la ciudad, disponía de todas las comodidades de una vida urbana avanzada. Las numerosas ruinas repartidas por el yacimiento permiten distinguir las antiguas viviendas, reconocibles por los bajos muros de delimitación. Estas casas eran muy cómodas para su época y estaban equipadas con elaborados cuartos de baño. Kerkouane cuenta también con un mosaico cartaginés que representa a Tanit, diosa de la fertilidad y protectora de la ciudad. Una reciente excavación descubrió uno de los templos más importantes del Mediterráneo, que data de la época púnica.

Kelibia

La ciudad más grande de la costa este, Kelibia, anuncia la parte salvaje de la ruta hacia la punta del cabo. Ofrece una combinación de paisajes de páramos y juncales, calas salvajes dignas de las postales más bonitas, un litoral espectacular y el ambiente cálido y tradicional de un pueblo de pescadores.

El puerto de Kelibia ocupa una posición estratégica como enlace entre África y Europa. Kelibia también es famosa por su pescado azul a la parrilla y su excelente vino moscatel. A lo largo de la carretera, podrá ver numerosas cafeterías con vistas al puerto o a la playa.

■ FUERTE DE KELIBIA

Esta fortaleza es una ciudadela construida sobre un promontorio rocoso de 150 metros que se alza sobre el mar Mediterráneo y la ciudad de Kelibia. La ciudadela fue construida en el siglo XVI, pero las partes más antiguas se remontan a la época púnica y romana. Sus altas murallas protegieron la ciudad bajo el reinado de los españoles y los turcos. Desde ella, la vista es impresionante: ofrece una panorámica del puerto, el pueblo y las playas de arena y la costa de Sicilia. Aproveche para tomar un té de menta y relajarse en la cafetería del fuerte.

VISITA

© WITR – ADOBE STOCK

Kelibia.

© MOHAMED CHHEB CHAABAN – SHUTTERSTOCK.COM

Menzel Temime.

Menzel Temime ⭐

Se trata de una antigua ciudad que desapareció y se borró del mapa tras las invasiones de los siglos II y III a. C. y que resurgió de sus cenizas en el siglo XIII como base de la lucha contra la ocupación normanda. Pero a partir del siglo XVIII, con los m'aouines, recuperó el interés para los promotores de la educación gratuita en la región. Bastión del nacionalismo y del conocimiento, la ciudad siguió persiguiendo este mismo destino en el siglo XX, ya que desempeñó un papel protagonista en la lucha por la independencia, con la convocatoria en 1934 del primer congreso neodesturiano y la formación de la primera célula neodesturiana en el cabo Bon. En la actualidad, la ciudad está en pleno auge tras la creación de una zona industrial donde las fábricas elaboran productos para la exportación y emplean una numerosa mano de obra femenina. También es un centro de producción de cacahuetes, tomates y, sobre todo, pimientos, que se secan o ahúman con madera de olivo en agosto y septiembre. Esta gran ciudad de la costa este del cabo es animada y está llena de juventud. Como en el resto de la región, los turistas son bien recibidos, y no se les molesta en absoluto.

Korba

Korba es conocida como la «ciudad roja» por sus tomates, pimientos y fresas. Sobre ella se alza su minarete de cuatro pisos rematado por un esbelto campanario. Se trata de una ciudad animada, que representa tanto al cabo rural como al marítimo. Ubicada en un antiguo emplazamiento romano, la pequeña ciudad celebra un festival de teatro cada dos años en agosto. Las playas de arena blanca son tan agradables como las de Hammamet y Nabeul, y tienen la ventaja de estar mucho menos masificadas.

GOLFO DE HAMMAMET

Justo debajo del cabo Bon, este amplio golfo del Mediterráneo se extiende desde Beni Khiar. Le debe su nombre a Hammamet, la principal ciudad de este litoral.

Nabeul ⭐⭐

A solo 12 km de Hammamet, Nabeul, antigua Neápolis y capital de la gobernación del cabo Bon, es un importante centro artesanal. También es la capital de la alfarería: la mayor parte de la cerámica que se puede encontrar en todo el país lleva el sello «Nabeul», que certifica la calidad del producto.

Nabeul es una verdadera ciudad antigua, no un simple destino costero, y está llena de autenticidad. Su historia se remonta al siglo IV a. C., como atestiguan los vestigios fenicios. Más pequeña que Hammamet, esta localidad no tiene un pasado como puerto pesquero. Su cometido principal era otro: se trataba de un puesto comercial para vender los productos agrícolas de la península y un importante centro de artesanía, actividad que ha perdurado hasta nuestros días. La más importante es la cerámica vidriada, introducida por los andalusíes en el siglo XV y hoy es la especialidad de numerosos bazares y tiendas. Nabeul es también un centro de bordado en hilo de seda y plata, de destilación de perfumes y de cerámica. Su mercado de los viernes ofrece un espectáculo muy diversificado. La ciudad también es famosa por las fábricas de ladrillos repartidas por la zona. Por último, Nabeul es también la mayor productora de esteras de junco, conocidas como *smar,* con las que se tejen alfombras de pared o de suelo que pueden observarse en muchas mezquitas. Aquí encontrará bares baratos y buenos restaurantes, sobre todo para los amantes del pescado.

Calle de Nabeul.

VISITA

■ MUSEO ARQUEOLÓGICO DE NABEUL

Avenue Habib-Bourguiba
El museo expone colecciones de objetos y estatuas púnicas del siglo VII a. C.: cerámicas y amuletos de estilo egipcio procedentes de Kerkouane y estatuas de terracota del santuario neopúnico de Thinissut. El museo también cuenta con objetos de cerámica y una importante colección de mosaicos romanos. La mayoría de las colecciones proceden del yacimiento de Neápolis, pero también hay piezas de otros yacimientos del cabo de Bon.

■ YACIMIENTO ARQUEOLÓGICO DE NEÁPOLIS

El antiguo yacimiento de Neápolis fue descubierto en 1965 durante unas excavaciones y es único en su género. Las excavaciones de salvamento sacaron a la luz una planta de fabricación de *garum* y de curado de pescado que data de la época romana. Se trata de los restos de una planta de producción a gran escala de este famoso condimento tan popular entre los romanos, que en gran parte se destinaba a la exportación a otros países del Mediterráneo, donde los romanos difundieron su uso. Se trata de grandes cubetas donde se ponían a macerar las vísceras del pescado y los alevines para producir una salsa parecida al *nuoc-mâm* vietnamita. Aún se pueden ver los restos de hileras de pescado salado, para que se conservaran durante mucho tiempo. Cerca de estas excavaciones, un segundo yacimiento reveló la existencia de una amplia zona residencial formada por algunas casas de lujo, la mayoría de ellas pavimentadas con mosaicos. Algunas de ellas se han conservado aquí; otras han acabado en el museo arqueológico de la ciudad. El Instituto Nacional del Patrimonio y la Agencia para el Desarrollo del Patrimonio y la Promoción Cultural han emprendido recientemente un programa de valorización del yacimiento: consiste en la restauración del trazado de las murallas, el revestimiento de los pórticos de las galerías de las pilas de salazón, la reparación del pavimento del decumano, así como la apertura de una nueva sala en el museo de Nabeul dedicada al yacimiento.

Hammamet ⭐⭐

Gracias a su clima y sus playas, esta zona meridional del cabo Bon es un destino turístico muy popular desde el final de la Segunda Guerra Mundial. Sus primeras infraestructuras turísticas reales datan de los años sesenta y desde entonces han prosperado considerablemente. Hoy, junto con Yerba, Hammamet es uno de los dos principales destinos turísticos de Túnez. La medina sigue siendo un lugar ideal para pasear, con sus casas blancas y sus puertas de colores que dan cobijo a algunos de sus habitantes. Gracias a la dura competencia, la calidad de los restaurantes de Hammamet se mantiene. La localidad cuenta con un gran número de bares, cafeterías y discotecas. Hammamet se divide en tres partes: el norte (HN), el centro de la ciudad (HV) y, por último, el sur (HS), también conocido como Yasmine Hammamet.

■ DAR SEBASTIAN – CENTRO CULTURAL INTERNACIONAL ⭐⭐⭐

97 avenue des Nations Unies
✆ +216 72 280 410
www.ccih.gov.tn
contact@ccih.gov.tn

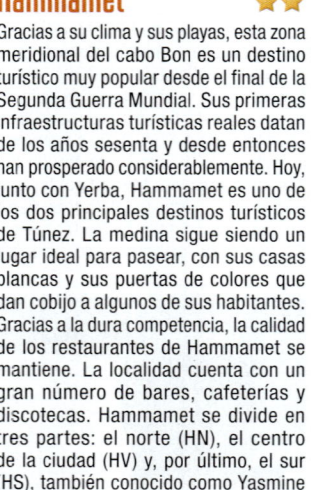

HAMMAMET

Mar Mediterráneo

Mercado semanal

Centro de submarinismo Odysea

Avenue de l'horizon

Avenue Hedi Ouali

Moha mmed Ali

Avenue Tahar Sar

Avenue Assad Ibn el fourat

Albergue Juvenil

El Azzabi

Rue Taieb

Mar Sar

Rue

Avenue Hedi Chaket

Farmacia

Rue des Jasmins

Hotel Le Mirage

Correos

Hospital

Estación de tren

Avenue Hedi Ouali

Avenue Mongi Slim

Policía

Oficina de turismo

Avenue ali Belhaouane

Rue du Sade

Cementerio musulmán

Rue Ali Belhouane

El Imam

Jiahmoun

MEDINA

Sahbi

Ayuntamiento

HABIB BOURGUIBA

Centro Com.

Rue Taieb Mehiri

Rue el Hached

Rue de la Corniche

Avenue du Koweit

Rue des Fontaines

Farmacia

Rue el Korroba

Residencia Mahmoud

Sindbad

Avenue des Nations Unis

Teatro

Policlínico Hammamet

Centro cultural internacional de Hammamet - Dar Sebastian

Fourati

0   250 m

| Municipio |
| Punto de interés |
| Oficina de turismo |
| Teatro |
| Alojamiento |
| Camping |
| Oficina de correos |
| Policía |
| Hospital y clínica |
| Farmacia |
| Parada de taxi |
| Estación de tren |
| Centro comercial |
| Parada de bus |
| Playa |
| Aparcamiento |

El Centro Cultural Internacional de Hammamet, conocido simplemente como «Dar Sebastian» por los tunecinos, nos ha parecido una preciosidad, en particular los maravillosos jardines y los espacios naturales que lo rodean. El centro se compone de cuatro espacios repartidos en 14 hectáreas de terreno: Dar Sebastian, los dos jardines botánicos y el teatro al aire libre.

▶ **Dar Sebastian.** Esta joya arquitectónica, que hoy alberga el Centro Cultural Internacional de Hammamet, tuvo un curioso pasado: el palacio de Georges Sebastian, construido en 1927, fue requisado en 1943 por Rommel, que instaló allí su cuartel general. Tras la guerra, el adinerado rumano, que no quiso regresar a su hogar liberado, lo vendió al Estado tunecino. En 1962, el Estado lo convirtió en un centro cultural, cuyo teatro al aire libre acoge cada verano el Festival Internacional. Es una obra maestra de la arquitectura tradicional tunecina y la casa es conocida en todo el mundo como una de las villas más

bonitas. En el pasado acogió a influyentes artistas e intelectuales del siglo XX, como Paul Klee, André Gide, Giacometti, Macke y otros. Churchill escribió aquí parte de sus memorias. Dentro de la casa, encontrará hermosos muebles de los años treinta y un sorprendente cuarto de baño. No dude en tomar una copa junto a la piscina de mármol blanco. Cuando lo visitamos, en un momento en que no había ninguna actividad cultural, el palacio estaba, por desgracia, un poco sucio y polvoriento. Sin embargo, nos recibieron con mucha amabilidad.

▶ **Los jardines botánicos.** Los jardines y espacios verdes de este centro cultural son un verdadero remanso de paz y verdor, lejos del bullicio de Hammamet. Las vistas del mar detrás del palacio Dar Sebastian son magníficas: dé un paseo y piérdase entre los cactus y las inmensas palmeras. Creado en 1932 por Sebastian, el jardín cuenta con más de treinta especies vegetales, entre las que se encuentran diversas plantas tropicales que se aclimatan bastante bien a la costa mediterránea. Una delicia para la vista y el olfato. Recientemente se ha inaugurado un pequeño pero bien organizado ecomuseo.

▶ **Teatro.** Fue construido en el jardín botánico en 1964 por el arquitecto francés Paul Chémetov y acoge desde entonces el Festival Internacional de Hammamet. También ha sido escenario de varios coreógrafos ilustres, como Maurice Béjart y las compañías de Alvin Ailey y Alwin Nikolais.

■ **MEDINA DE HAMMAMET** ⭐
En la esquina oeste de la medina. La medina de Hammamet, situada junto al mar, es un bonito conjunto de callejuelas por las que da gusto pasear.

© SHIRAKOVICH SVETLANA – SHUTTERSTOCK.COM

Dar Sebastian – Centro Cultural Internacional.

Está rodeada de murallas y cuenta con tres entradas. Aunque la medina esté ocupada por muchas tiendas turísticas, se puede encontrar tranquilidad adentrándose en sus callejuelas. Le sorprenderá el blanco brillante de las casas, las hermosas puertas pintadas con colores vivos o los momentos del día a día que verá. Situado al oeste de la medina, el fuerte fue construido en 1474. No dude en subir para disfrutar de las vistas.

■ MUSEO DAR KHADIJA
En la medina
El museo Dar Khadija es una casa árabe tradicional de tres plantas que cuenta los 2000 años de historia de la Ciudad de los Jazmines a través de veinticinco escenas: desde sus orígenes romanos hasta nuestros días, pasando por las invasiones turca y maltesa, el protectorado francés y la independencia. La cultura de Hammamet no tendrá secretos para usted, ya que podrá ver un repaso de las tradiciones pesqueras, la arboricultura, el tejido de alfombras, el bordado de trajes de novia, la destilación de azahar y jazmín...

■ YACIMIENTO DE PUPPUT
Al oeste de la ciudad, a 500 m de Villamar, cerca del hotel Tanfous.
El yacimiento de Pupput es una de las necrópolis romanas más grandes de África. Esta ciudad romana estaba situada en el cruce de las vías que unían Clipea (hoy Kelibia) con Thuburbo Majus, y Cartago con Hadrumetum (hoy Susa). En una superficie de 7000 m², se han identificado más de 1500 sepulturas desde las excavaciones de 1996. El principal periodo de actividad del yacimiento abarca los siglos II y III. Los niños solían ser enterrados en ánforas. El yacimiento de la necrópolis de Pupput alberga hermosos mosaicos.

Yasmine-Hammamet

Hammamet ha crecido y se ha extendido más allá de sus murallas y jardines. Yasmine-Hammamet está situada entre los puertos de Kelibia y El Kantaoui y es una nueva joya. Es la ciudad del siglo XXI y se ha creado desde cero. La explanada cuenta con galerías comerciales, espacios verdes, un casino y centros de talasoterapia.
El puerto deportivo, que abarca 20 hectáreas, es el destino náutico más importante del país, con 740 amarres para barcos y veleros de 8 a 70 m. A solo 5 km, los aficionados al golf pueden disfrutar de su deporte favorito en los campos de Yasmine o Citrus. Tampoco faltan los restaurantes, bares y discotecas.

Bou Ficha

De camino a Susa, a 24 km de Hammamet y tras una extensa zona de construcción hotelera, se alza este pueblo rodeado de palmeras, a un lado de la carretera.

■ ANTIGUO YACIMIENTO DE PHERADI MAJUS
Sidi Khelifa
https://tunisiepatrimoine.tn/
10 kilómetros al sur de Bou Ficha.
Este antiguo yacimiento data de los siglos II y III a. C. La ciudad se convirtió en municipio bajo el mando de Marco Aurelio y luego en colonia romana antes de ser abandonada en el siglo XII. Se pueden ver los restos de unas termas de unos 500 m², un foro rodeado de pórticos por tres lados, un mercado, un ninfeo con una preciosa arquería de cinco arcos que alberga cinco piscinas y un complejo religioso situado en una colina.

■ **VILLAGE KEN** ⭐
Carretera de Susa, km 82
☎ +216 73 252 110

Este pueblo, creado en 1985, es un espacio cultural, turístico y medioambiental que combina tradición y modernidad. Con una superficie de 3 hectáreas, su arquitectura es una reconstrucción de un pueblo bereber con edificios construidos con materiales locales. El pueblo de Ken alberga talleres de artesanía, un museo, una galería de arte, estudios de artistas, zonas de descanso y espacios de reunión. Las técnicas ancestrales se combinan con las habilidades de una joven generación de artistas. El complejo organiza eventos con regularidad.

Takrouna ⭐

Takrouna es un precioso yacimiento antiguo que se encuentra a unos 20 kilómetros de Bou Ficha. Es un pueblo bereber y púnico, compuesto por casas de color marrón rojizo construidas sobre un promontorio rocoso. La carretera de acceso está rodeada de agaves y chumberas.

La zona conserva numerosas huellas de una antigua ocupación humana, en concreto, símbolos púnicos. Se pueden hacer magníficas fotos del pueblo, cuya arquitectura general es bastante inusual, ya que parece estar dispuesto en forma de cruz latina. En el pueblo, sin embargo, hay una mezquita y un mausoleo de estilo mucho más similar al otomano.

▶ **Entre Takrouna y Enfidha hay un cementerio francés** con trescientas tumbas de soldados leales al general De Gaulle durante la campaña francesa en Túnez (de noviembre de 1942 a mayo de 1943).

Hergla ⭐

Este histórico pueblo costero, con sus vistas panorámicas sobre el mar, se remonta a la Antigüedad, pero los edificios más antiguos datan de la Edad Media, cuando los árabes destruyeron todo el pueblo en el siglo VIII. El encanto

Takrouna.

de Hergla reside en sus calles estrechas y sus casas blancas.

Port el Kantaoui

Situado a 5 km al norte de Susa, esta joya del turismo tunecino fue fundada en 1978 y se dedica al turismo por completo. Port el Kantaoui ha construido un jardín alrededor de un puerto deportivo de lo más acogedor. Aquí todo es turismo sin historia ni pasado, pero resulta muy bonito al atardecer. Si es un amante de los destinos costeros, está en el lugar adecuado.

▶ Port el Kantaoui se divide en dos partes: la zona del puerto deportivo, una zona peatonal con sus numerosos restaurantes, bares y tiendas, y la zona ampliada, que se asemeja a todos los pueblecitos costeros.

▬▬ SAHEL TUNECINO ▬▬

VISITA

Al sur del golfo de Hammamet, esta llanura costera recorre la costa oriental desde Susa. En árabe, *sahel* significa «litoral».

Susa

Susa, centro turístico, pero también industrial, rural y universitario, tiene la doble ventaja de contar con una buena infraestructura hotelera sin depender en absoluto de ella. Su medina, situada en la ladera de una colina, presenta un trazado geométrico de casas blancas orientadas hacia el puerto y el mar. El minarete redondo formaba parte de un *ribat*, una de las cadenas de monasterios fortificados que datan del siglo IX. Enfrente, un doble recinto y un torreón señalan la casba. Susa es un lugar de esplendor cultural desde el que puede escaparse medio día a Kairuán o El Jem. Aparte de la playa del centro, que está sucia, los alrededores ofrecen unas playas preciosas. Además, la ciudad cuenta con un animado paseo marítimo tanto de día como de noche. Esto ha favorecido un gran desarrollo turístico, pero su medina y sus monumentos le confieren un carácter tradicional. Es una ciudad que merece la pena visitar, con su plaza principal adosada a las murallas de la mezquita, del *ribat* y de la medina, sus calles variadas y animadas, sus bonitas playas de arena a cinco minutos del centro y sus paseos nocturnos por la costa con sus cafeterías llenas de gente y sus cachimbas burbujeantes.

Hadrumetum, Hunericonópolis, Justinianópolis, Susa... La sucesión de nombres que ha llevado la ciudad a lo largo de los siglos da fe de su rica historia. Fundada en el siglo IX a. C. por los fenicios y destruida por los griegos cinco siglos después, fue entonces la cabeza de puente del general cartaginés Aníbal durante la Segunda Guerra Púnica. Afortunadamente, durante la tercera, Susa tuvo la buena idea de ponerse del lado de Roma, escapando así al triste destino de Cartago. Se convirtió en ciudad libre y luego en colonia, como otras muchas ciudades tunecinas, bajo el reinado de Trajano (siglo II d. C.). Después sufrió el mismo destino que la mayor parte de Túnez, cayendo bajo la dominación vándala en el siglo V, bizantina en el siglo siguiente y, por último, árabe. Resucitó en el siglo VIII, resistió los asaltos de los normandos de Sicilia en el XII, de los españoles en el XVI, de los franceses y venecianos deseosos de destruir el nido de piratas en el que se había convertido en el XVIII y, finalmente, sufrió los bombardeos aliados durante la Segunda Guerra Mundial destinados a impedir que los alemanes utilizaran sus instalaciones portuarias. Es la tercera ciudad más grande del país, con una población de unos 100 000 habitantes, y cuenta con una gran riqueza industrial y turística.

▶ **Barrios**. La avenida Bourguiba conduce a una amplia plaza llena de cafeterías y restaurantes. Más adelante, siguiendo el camino hacia la Gran Mezquita, se entra en la medina. A la derecha, se alza el *ribat* y su torre adosada a las murallas. Más allá de la mezquita comienza el laberinto de zocos.

■ **CATACUMBAS**

www.patrimoinedetunisie.com.tn
contact@patrimoinedetunisie.com.tn
Estas 240 galerías, que se extienden a lo largo de 5 kilómetros, pero de las que solo podemos visitar 40 metros, fueron las tumbas de unos 25 000 cristianos entre los siglos II a IV. Hay cuatro catacumbas, tres de las cuales han sido completamente excavadas: las catacumbas del Buen Pastor, de Hermes y de Severo. Estaban muy bien conservadas cuando se descubrieron, pero se deterioraron rápidamente una vez retirada la tierra. Las catacumbas de Susa no están tan completas, pero están mejor conservadas que las de Roma. Se accede por el número 57 de la calle 25 de julio, cerca de la oficina de alquiler de coches.

■ **GRAN MEZQUITA DE SUSA** ⭐⭐

www.patrimoinedetunisie.com.tn
contact@patrimoinedetunisie.com.tn

Fue construida por el emir aglabí Abu El Abbas en el 850. Debe su función defensiva a su arquitectura maciza y dura y a su ubicación descentrada con respecto a la ciudad. En algunos aspectos, recuerda a la mezquita de Okba de Kairuán. Hay influencia paleocristiana, sobre todo en la decoración del mihrab. La sala de oración es alargada y está dividida en trece naves. La mezquita es única por carecer de minarete. Las piedras que se usaron para su construcción, a menudo desiguales, dan al edificio un aspecto arcaico y encantador.

■ **MUSEO ARQUEOLÓGICO DE SUSA**

Rue Maréchal-Tito
www.patrimoinedetunisie.com.tn
contact@tunisiepatrimoine.tn
En la casba; acceso por carretera.
Merece la pena visitar este museo cuando esté explorando Túnez. Situado en la fortaleza de la medina, este museo arqueológico es el más grande de Túnez después del Bardo. Las salas subterráneas ocupan una superficie de 2000 m² y la puesta en escena está especialmente lograda. Lo han reabierto recientemente tras un ambicioso proyecto de restauración. El museo arqueológico de Susa expone importantes colecciones de mosaicos bajo el gran patio de la casba, entre ellas, una de las más famosas: *El triunfo de Baco*, del siglo III, y una cabeza de Medusa, pieza del siglo II que representa a este ser mitológico con una decoración de escamas radiantes que recuerda el poder hipnótico de Medusa. Además de los mosaicos, el Museo Arqueológico de Susa alberga objetos de la vida cotidiana de los siglos II al IV. La sala líbico-púnica alberga una gran colección de estelas y urnas, así como mobiliario funerario.

0 200 m

GP-1 hacia Túnez

Avenue bd. El Kadhi

Avenue Med Karoul

Avenue du Rabat

Avenue L. Senghor

Estación de autobuses

Iglesia de San Félix

Rue Constantine

Boulevard Mongi Slim

Hedi

Chaker

Boulevard

Rue Naceur Bey

route de la corniche

Hospital

Av. Tahar Sfar

Av. Victor Hugo

República

la

de

Avenue

Correos

Estación de tren

Av. H. Ayachi

O. N. M. T. (Turismo)

Sinagoga

Avenue Habib Bourguiba

Policía

Catacumbas

Av. (comm. Bejaoul)

Av. Ibn El Jazzal

BAB EL GHARBI

BAB EL FINGA

BAB EL JABLI

BAB EL JABLI

Bd Mhamed Maarouf

Museo Dar Essid

Ribat

Oficina de turismo

R.A. Belhouane

R. de l'Indépendance

Rue 25 juillet 1957

Av.M.Tito

El Kobba

Gran Mezquita

Avenue H. Thameur

Avenue V Mohamed

Av.Chebbi

Museo Arqueológico

BAB EL KIBLI

Avenue 18 janvier 1955

Metro

Puerto

Mercado dominical

BAB JEDID

SUSA

La sala romana alberga una colección de estelas funerarias paganas. La sala cristiana presenta mosaicos de estelas y relieves funerarios, los más importantes del mundo antiguo después de los de Roma. Muchas de las piezas expuestas proceden de excavaciones en las catacumbas situadas al oeste de la ciudad. Fuera del museo, la fortaleza medieval ofrece a los visitantes zonas para pasear y vistas panorámicas de la antigua medina.

■ MUSEO EL KOBBA ⭐

Medina

www.patrimoinedetunisie.com.tn
contact@patrimoinedetunisie.com.tn
Un museo dedicado a la artesanía del tejido y de los metales preciosos, que durante siglos fueron los oficios más importantes, por delante de la alfarería y la carpintería. También se exponen trajes tradicionales. De hecho, históricamente, el ajuar de la novia (trajes, adornos, objetos de menaje o de cobre, etc.) se considera un «capital de riesgo» para tiempos difíciles. Por ello, las familias se esforzaban por dotar a sus hijas de valiosos ajuares. Es parte de esta riqueza la que se expone aquí.

■ RIBAT DE SUSA ⭐

www.patrimoinedetunisie.com.tn
contact@patrimoinedetunisie.com.tn
El *ribat,* que se abre a una gran plaza pavimentada, data del siglo VIII. Destinado a fines militares, pero también a estudios religiosos, presenta una arquitectura sobria con pequeñas celdas dispuestas en torno a un patio interior. Cuenta con un *nador* y con varias torres en cada esquina y también alberga una sala de oración. El edificio está en buen estado. Desde lo alto del ribat se disfruta de unas magníficas vistas de la ciudad y del patio de la mezquita mayor.

Aunque este ribat es más pequeño que el de Monastir, sigue siendo muy bonito.

Monastir

A 24 km de Susa, Monastir es una ciudad con un rico pasado histórico. Su pasado y su grandeza la convierten naturalmente en un faro cultural y turístico del país. Monastir debe la mayor parte de su prestigio a dos grandes hombres: César y Bourguiba. El general romano hizo de esta pequeña aldea de origen púnico su campamento base durante su campaña africana contra Pompeyo (en el año 50 a. C.). Así fue como Ruspina, la futura Monastir, entró en los libros de historia. A finales del siglo VIII, Monastir fue elegida por la dinastía árabe abasí para albergar el primer *ribat* de Túnez: un monasterio del que probablemente tome su nombre la ciudad. La ciudad se convirtió así en un ejemplo arquitectónico y en un baluarte esencial. En el siglo XI, tras el desarrollo de Mahdia, elegida por los fatimíes como capital, Monastir se convirtió en un importante centro religioso, ganándose el título de ciudad santa. Bajo el dominio turco en el siglo XVI, recuperó su papel de ciudadela. Tras la independencia, la ciudad volvió a beneficiarse de la ayuda de un hombre para resurgir de las sombras. Habib Bourguiba, primer presidente de la república tunecina y natural de Monastir, dotó a la ciudad de enormes recursos para su desarrollo a partir de los años sesenta. Fue en Monastir donde el presidente Bourguiba terminó su vida. Se encuentra enterrado allí en un mausoleo cuyo esplendor ilustra bien su vida.
En la actualidad, Monastir es un importante centro turístico y universitario con un aeropuerto internacional, un gran puerto deportivo, numerosos hoteles y jardines públicos.

MONASTIR

MAR MEDITERRÁNEO

200 m

0

Metro ligero del Sahel

Isla Sidi
el Gadamsi

Guardia
nacional

Puerto
deportivo

Cementerio
marino de Sidi
El Mezri

Ribat

Gran Mezquita

Cine

Museo

Mausoleo
de Bourguiba

Ayuntamiento

Rte. de la Falaise

Place du
3 Aoút

El Karraya

R. du Caíre

R. de Dames

R. d'Ogan

Av. H. Bourguiba

Barrio
Chkol

Av. du 1° Juin

Av.   Fahrat   Hached

Hospital

Escuela

Escuela

Avenue Marítima

Artesanía

Turismo

Palacio
del
Congreso

PTT

Museo

R. Chedly Kallala

Mezquita
de Bourguiba

Av. Habib Bourguiba

Av. Ali Ibn Abi Taleb

Fahrat Hached

Escuela

Escuela

Rue   del   Maroc

Rue   d'Alger

Instituto

Instituto

Zoológico

Estación

Av. de la République

El Ouíns

Instituto

Supérieme

Avenue du 14 Janvier

Rue   de   la   Falaise

Essouani

Estadio
Municipal

El
Mourabitine

Corniche   interna...

Av...

Avenue du 14 Janvier

Zona de Skanes

Escuela
de Ebanistería

Ettawba

Route   M.C.

Skanés-
Essouani

N.92

■ CEMENTERIO MARINO DE SIDI EL MEZRI ⭐

Situado al oeste de la Gran Mezquita y en la costa mediterránea, se puede visitar el cementerio de Sidi El Mezri, que lleva el nombre del patrón de la ciudad de Monastir. El santo, originario de Sicilia, está enterrado allí, y su *koubba,* la cúpula de la tumba, sigue siendo venerada por los habitantes de la ciudad actualmente. Un paseo por el cementerio de Sidi El Mezri le llevará hasta la explanada del mausoleo de la familia Bourguiba.

■ GRAN MEZQUITA DE MONASTIR ⭐

Frente al *ribat,* la Gran Mezquita muestra claramente sus orígenes fatimíes (siglo XI). Con su arquitectura más bien maciza y su ausencia de minarete, fue utilizada en su origen como fortaleza. Se construyó bajo el mando del emir El Mociz ibn Badis y fue ampliada varias veces, sobre todo por los ziríes en el siglo XI. El minarete se añadió durante el periodo hafsí. Uno de sus rasgos distin-

tivos es la ausencia de cúpula sobre el mihrab, poco frecuente en la arquitectura medieval ifriqí.

■ ISLAS KURIAT ⭐⭐

www.notregrandbleu.tn
notre_grand_bleu@hotmail.fr
Además de un lugar paradisíaco, las islas Kuriat son un ejemplo de colaboración entre las autoridades tunecinas y la sociedad civil. La isla está cogestionada por el Estado y la ONG Notre Grand Bleu. El objetivo es permitir la coexistencia del hombre y la naturaleza en un entorno único y especial por la presencia de las tortugas bobas.

Situada a 20 km del continente, la isla más grande, que comparte el mismo nombre que el archipiélago, ocupa unas 270 hectáreas. La más pequeña, la isla Conigliera, a 2 km, ocupa unas 70 hectáreas. Las islas son llanas y bajas: se encuentran, como máximo, a 5 metros sobre el nivel del mar. En la parte rocosa del norte de ambas islas, y a muy poca profundidad, hay formaciones de fondos de maerl consideradas muy raras y vulnerables en el contexto mediterráneo.

En la isla suelen verse señales y postes que indican nidos de tortugas. Cuando las crías de tortuga boba salen de su caparazón, los voluntarios las escoltan de vuelta al mar mientras los turistas observan asombrados. Aquí destinan todos los recursos a proteger a la tortuga boba (*Caretta caretta*), una especie amenazada desde hace tiempo y considerada en peligro de extinción. Estas dos islas, que están en proceso de ser clasificadas como zona marina y costera protegida, son el lugar elegido por la tortuga boba que habita más al oeste de la costa sur del Mediterráneo para poner sus huevos. Los dos islotes son muy

Puerto de Monastir.

apreciados por las tortugas bobas porque están libres de contaminación y disfrutan de una oscuridad total por la noche, que es cuando las tortugas ponen sus huevos, a diferencia de la mayor parte de la costa tunecina. Las hembras, que no son fértiles hasta que tienen unos veinte años, vuelven a desovar en el lugar donde nacieron. Pero solo una de cada mil tortugas sobrevive lo suficiente para reproducirse.

Cuenta con cabañas de sensibilización, senderos de 800 metros con carteles informativos y voluntarios durante toda la temporada estival: todo está dispuesto para proteger a las tortugas, sobre todo durante la época de la puesta de huevos. Se ha creado un trayecto para kayak: tiene 200 metros de largo y recorre los diferentes hábitats de aguas poco profundas que se encuentran en las islas Kuriat: praderas de posidonia, rocas, desniveles... A lo largo del recorrido, cinco balizas proporcionan información sobre la flora y la fauna. Cada baliza está equipada con un panel informativo subacuático que permite inmersiones didácticas en compañía de un ecoguía. En tierra, en temporada, los voluntarios se turnan para detectar nuevas nidadas de huevos. Cuando los nidos alcanzan la madurez, al cabo de cincuenta días, los cogestores y voluntarios los vigilan antes de acompañar a las pequeñas tortugas bobas al mar, compartiendo estos momentos de asombro con los veraneantes. Las tortuguitas, de apenas 5 cm, se abren paso por la arena. Después las llevan al mar, lejos de los bañistas y las liberan cerca de praderas submarinas de posidonia, donde pueden refugiarse y alimentarse.

Además de la rara oportunidad de ver a estas crías de tortuga, la visita a las islas Kuriat es la mejor ocasión para entender el impacto del calentamiento global y las catastróficas consecuencias del plástico, que rara vez se recicla en Túnez, para los animales marinos.

El objetivo de la ONG Notre Grand Bleu es proteger, gestionar, sensibilizar y descubrir el medio natural terrestre y marino de la bahía de Monastir y las islas Kuriat. Es todo un éxito.

▪ MARINA CAP-MONASTIR

Los enormes yates del puerto deportivo son un espectáculo para la vista. Esta urbanización futurista, llamada Marina Cap-Monastir, ofrece cuatrocientos amarres a los navegantes.

Es un pequeño puerto moderno situado en la parte baja de la costa que no tiene nada que envidiarle a ninguna ciudad mediterránea: cafeterías, restaurantes, heladerías y coctelerías, tiendas... Sin embargo, le advertimos que durante los meses de verano puede encontrarse con un puerto asolado por desperdicios industriales, sobre todo flotando en el agua. Esté atento y no olvide utilizar las papeleras habilitadas.

▪ MAUSOLEO DE BOURGUIBA

Construido en 1963 y ampliado varias veces, desde el 2000 este monumento alberga los restos del antiguo presidente bajo una inmensa cúpula dorada. A los lados del edificio principal, otras dos cúpulas verdes más pequeñas, sobre las que se alzan dos minaretes de 25 metros de altura, albergan las tumbas de los padres del presidente y la de su primera esposa. A la derecha, se encuentra el pequeño morabito de Sidi Bou Zid, cuya cúpula está formada por tubos de terracota. La amplia explanada frente al mausoleo es un lugar muy tranquilo para reuniones familiares y populares.

■ **MEDINA DE MONASTIR** ★★

Detrás de la mezquita de Bourguiba, una vida sencilla continúa en las callejuelas secretas y estrechas de la medina de Monastir. Doce puertas se abren a un pequeño laberinto donde el visitante, atraído por los colores y los olores, puede perderse rápidamente y desaparecer entre puestos tradicionales y otros más modernos. Si le apetece, podrá hacer algunas compras para traerse algún recuerdo. La puerta de Bab el Gharbi data del siglo XVII, y la de Bab Kram, del XVIII.

■ **MEZQUITA DE BOURGUIBA** ★★

Actualmente es la mezquita principal de la ciudad y se terminó de construir en 1963. Representa un intento de renovar el arte religioso en Túnez: la sala de oración es cuadrada y los capiteles son de estilo hafsí. Partiendo de una base arquitectónica bastante tradicional, incorpora materiales de gran calidad: columnas de mármol rosa u ónice, mosaicos dorados, arañas de cristal, etc. La mezquita tiene tres patios pavimentados con mármol blanco. Los no musulmanes tendrán que contentarse con mirar por fuera su alto minarete octogonal, ya que tienen prohibido el acceso.

■ **MUSEO HABIB BOURGUIBA** ★★

Palacio presidencial de Skanes
Inaugurado en abril de 2013, en el XIII aniversario de su muerte y en plena efervescencia posrevolucionaria, el Museo Habib Bourguiba rinde homenaje al primer presidente de la república tunecina. El palacio de mármol, residencia de verano del dirigente, contiene efectos personales, fotografías, discursos grabados, una estatua ecuestre de bronce e incluso su Mercedes. Este museo pretende afirmar el aspecto innovador del poder en torno a la figura hegemónica de Bourguiba, demostrando al mismo tiempo el apego a su ciudad natal. Y es todo un éxito.

■ **RIBAT DE MONASTIR** ★★

℡ +216 73 461 272

El *ribat* se alza sobre la ciudad con sus espectaculares piedras amarillas y es el monumento más importante de todo Monastir. Es el más antiguo del norte de África. Construido en el 796 en un emplazamiento estratégico junto al mar, su objetivo era defender la región de los ataques cristianos. Fue ampliado regularmente por los distintos pueblos que se sucedieron en Monastir en los siglos IX, XI, XVI y XIX. Estas ampliaciones sucesivas le han dado un aspecto impresionante. Ha sido reconstruido por completo bajo lo que podríamos llamar «las obras de Bourguiba» y ha conservado todo su encanto. Se sometió a una última reforma de año y medio antes de reabrir sus puertas en 2013. Su *nador*, la gran atalaya que se alza con tres pisos de altura, ofrece unas magníficas vistas panorámicas de toda la ciudad y sus alrededores, así como de la costa. En el ala sur hay un pequeño museo de arte islámico con objetos de los periodos abasí y fatimí. Allí encontrará cerámicas, manuscritos, tejidos de los siglos IV y V y una colección de objetos de los primeros siglos del islam, sin olvidar la magnífica colección de cristalería. Una de sus mejores piezas es un astrolabio, un antiguo instrumento de navegación, de diseño árabe y fabricación española (Córdoba) fechado en el 927. Iluminado por la noche, se convierte en el faro de la ciudad y es visible a kilómetros de distancia. El *ribat* acoge cada verano el Festival Internacional de Monastir.

Mahdia ★★★

A 200 km de la capital y a 60 de Susa, se encuentra esta ciudad de no poca importancia. Mahdia, construida sobre la península rocosa de cabo África, merece una especial mención por su privilegiada situación geográfica, su agitada historia y sus ricos yacimientos arqueológicos y monumentos, que se remontan a las épocas fenicia, fatimí y otomana. Entre los siglos VI y VII a. C., Mahdia estuvo bajo ocupación púnica, como demuestran el puerto y la necrópolis. Le siguió la época fatimí, que vio la llegada de Obeid Allah el Mehdi a principios del siglo X. Partidario ambicioso de una nueva forma de chiismo, trastornó el entorno islámico ortodoxo de Kairuán. Junto con sus partidarios, abandonó el palacio aglabí de Raggada para construir una ciudad fortificada entre el 916 y el 921. Se eligió el antiguo puesto comercial cartaginés de cabo África y así nació Mahdia. También se dice que esta rama fatimí fue la fundadora de la ciudad egipcia de El Cairo. Los monumentos más significativos de este periodo son: los palacios de El Mehdi y El Kaïem, la Gran Mezquita, la medina y las fortificaciones terrestres y marítimas. En el siglo XII, los normandos sitiaron la ciudad. Mahdia se convirtió entonces en un paraíso para los piratas, que se aprovechaban de su situación y de sus fortificaciones de 10 metros de ancho. Las fortificaciones fueron destruidas bajo la ocupación española a mediados del siglo XVI y Mahdia dejó de ser una ciudad poderosa hasta la llegada de una guarnición otomana que repobló la ciudad y construyó un fuerte ocupado por los militares. Hoy es el segundo puerto

pesquero de Túnez y un centro turístico cada vez más importante.

Antigua capital de Ifriqiya, Mahdia conserva muchas huellas de su prestigioso pasado.

■ ANTIGUO PUERTO FATIMÍ ★

Esculpido en la piedra caliza de la península, este puerto forma un rectángulo de 8250 m². Los fatimíes construyeron este puerto, de 66 por 42 metros y con capacidad para treinta barcos, sobre los restos de una cuenca púnica. El puerto estaba rodeado por un recinto abierto al mar. Está muy bien conservado y las embarcaciones tradicionales lo han convertido en su puerto base. La imponente Borj el Kebir, la fortaleza otomana, se alza sobre este antiguo puerto fatimí. Es un lugar de ensueño.

■ GRAN MEZQUITA DE MAHDIA ★★

Fue la primera mezquita fatimí. Mide 75 metros de largo y 55 metros de ancho, y fue construida por Obeid Allah el Mehdi entre el 909 y el 934. No tiene minarete, así que el imán llama a la oración desde una de las dos torres. Durante la ocupación española, se convirtió en santuario. La única parte que data del siglo X es la norte. Fue remodelada según el plano original durante las grandes obras de restauración iniciadas por el presidente Bourguiba en 1964 en un terreno ganado al mar. La arquitectura de las galerías es muy sobria. La parte antigua de la sala de oración se ha conservado con mucho cuidado. La disposición de la sala de oración está influenciada por la Gran Mezquita de Kairuán. El mihrab en forma de nicho está tallado en el muro occidental de la sala hipóstila y consta de un medio cilindro y una media cúpula nervada descubiertos durante las excavaciones de 1960. Se trata de un legado del siglo XII durante la ocupación normanda. Al salir de la mezquita mayor, gire a la derecha por el paseo marítimo hasta el palacio El Kaïem. Construido entre el 916 y el 921, perteneció en su momento al califa fatimí y en la parte norte puede verse un mosaico muy raro. A la derecha de este palacio, verá un gran edificio construido a finales del siglo XVI: no es otro que la fortaleza turca El Borj El Kbir. Construido por los militares otomanos tras la marcha de los españoles, permitió proteger a Mahdia de las invasiones extranjeras. Durante el verano, se transforma en un lugar de celebración al acoger diversos festivales.

■ MEDINA DE MAHDIA ⭐

La medina de Mahdia es una de las más bonitas de Túnez, así que es una maravilla pasear por ella. Su estructura se organiza en dos periferias, la este y la oeste: una comienza en Skifa el Kahla y termina en la plaza de la Gran Mezquita e incluye espacios públicos como cafeterías, talleres de artesanos (un centenar a día de hoy), los baños turcos y la mezquita. La otra zona está dedicada a la vivienda y se extiende hacia el oeste desde la Skifa hasta el borde del cementerio marino. La medina alberga seis mezquitas.

■ SKIFA EL KAHLA (LA PUERTA NEGRA) ⭐⭐

Skifa El Kahla (también llamada Bab Zouila) forma parte del sistema de murallas reconstruido por los turcos a finales del siglo XVI. Era la puerta de entrada a la ciudad fortificada y la torre principal de la segunda línea

de defensa para bloquear el acceso a la ciudad por tierra. El edificio se compone de dos partes: una fortaleza de 18 metros restaurada a finales del siglo XIX con vistas panorámicas y un vestíbulo abovedado que prolonga la fortaleza y que se utilizaba con fines defensivos, pero también como paso comercial durante el zoco.

Salakta

Se trata de un yacimiento romano a 15 km al sur de Mahdia cuyos principales atractivos se encuentran en el museo. En la antigua Sullecthum se han excavado algunas secciones de las murallas y restos de termas. Cerca se encuentran las catacumbas de Arch Zara. Bajo el dominio bizantino, Salakta se utilizó como punto estratégico para las conquistas y más tarde fue un importante puerto comercial durante la Segunda Guerra Mundial y sirvió de base militar para los franceses y de defensa para los alemanes. La ciudad cuenta también con una espléndida playa de aguas turquesas poco conocida por los turistas, pero muy apreciada por los tunecinos.

El Jem ⭐⭐

Un destello dorado aparece en el centro de la carretera. Poco a poco, se alza, crece, atrae todas las miradas y bloquea el camino erigiéndose como una muralla. El coliseo de El Jem, monumento majestuoso que se encuentra en el corazón de la campiña tunecina, se alza en medio de la ciudad árabe sobre el mosaico de casas bajas. Bajo el nombre de Thysdrus, la ciudad fue una de las más importantes de las provincias africanas del Imperio. Su prosperidad se debía a su posición privilegiada como nudo de comunicaciones entre el Túnez central, con sus riquezas agrícolas, y Roma, con sus puertos y gran necesidad de alimentos. Pero su prosperidad llegó a su fin en el siglo III, cuando la ciudad, bastión del procónsul Gordiano I, se puso a la cabeza de la rebelión contra Roma y los insostenibles impuestos exigidos por el emperador Maximino. Aplastada por las legiones romanas, El Jem tardó mucho en recuperar su papel regional.

Hay que decir que la ciudad estaba destinada a la rebelión, ya que en el siglo VII, una princesa bereber, la legendaria Kahena, se refugió en el coliseo para resistir a las invasiones árabes. Era uno de los edificios más grandes del mundo y es herencia de la Antigüedad, cuando la antigua Thysdrus aún era poderosa. Elevándose sobre la ciudad desde una altura de 36 metros y cubriendo un perímetro de 427 metros, el coliseo, con capacidad para 30 000 espectadores, destaca más por su diseño que por su belleza.

■ ANFITEATRO DE EL JEM ★★★
https://whc.Unesco.org

Es el mayor edificio romano del país y está catalogado como Patrimonio de la Humanidad por la Unesco. No puede perdérselo. El anfiteatro de El Jem es un ejemplo excepcional de la arquitectura romana, en particular de los monumentos construidos con fines recreativos en África. Este anfiteatro, construido íntegramente en sillería, no está incrustado ni adosado a una colina. Sigue el modelo del coliseo de Roma, pero no es un simple calco del edificio flaviano. Sus dimensiones, eje largo de 148 metros y eje corto de 122 metros, y su capacidad, estimada en 35 000 espectadores, lo convierten en uno de los mayores anfiteatros del mundo. Su fachada presenta tres pisos de arquerías de estilo corintio y de material compuesto. En el interior se conserva la mayor parte de la infraestructura que soportaba las gradas. El muro del podio, la arena y los pasillos subterráneos están prácticamente intactos. Esta obra arquitectónica y artística, construida hacia el año 238 d. C., constituye un hito importante en nuestra comprensión de la historia del África romana. El anfiteatro de El Jem también es testigo de la prosperidad de la pequeña ciudad de Thysdrus (actual El Jem) durante el Imperio romano.

Hay muchos vendedores ambulantes. Una vez dentro del anfiteatro, puede realizar una visita guiada o visitarlo por su cuenta. Le pedirán que pague un dinar extra para hacer fotografías. Hay una pequeña tienda de recuerdos a la salida, que es también la entrada.

■ MUSEO DE EL JEM ★★
℡ +216 73 630 093
http://eljem.virtualexperience.net

El museo posee magníficos mosaicos procedentes de yacimientos cercanos: las dos primeras versiones del coliseo, dos anfiteatros más pequeños que se encuentran en la carretera de Sfax y que todavía se pueden ver, proporcionaron numerosos mosaicos que representaban espectáculos circenses. Esto lo hace aún más interesante porque uno tiene la sensación de poder comparar el borrador y la versión final, algo raro en este tipo de construcciones arquitectónicas. Una treintena de villas romanas, descubiertas detrás del recinto del museo, han proporcionado pruebas de la prosperidad de los comerciantes de Thysdrus.

CENTRO

En el centro hay tres gobernaciones. La más importante es Kairuán, y luego están Sidi Bouzid al suroeste y Kasserine al oeste. La región del centro limita al norte con las gobernaciones de Kef y Siliana, al sur con Gafsa, al oeste con Argelia (220 kilómetros de frontera) y al este con la costa.

Kairuán ⭐⭐

Kairuán es la quinta ciudad más poblada de Túnez y se trata de un gran centro histórico y religioso. Para los musulmanes, es la primera ciudad santa del Magreb y la cuarta del mundo después de La Meca, Medina y Jerusalén. Su Gran Mezquita, con su bosque de columnas de mármol traídos de los yacimientos romanos cercanos, es una obra maestra del islam. Muchos otros monumentos atestiguan la gloria pasada de Kairuán: mezquitas, zagüías, estanques de riego y las ruinas de un palacio principesco en Raqqada, a las afueras de la ciudad. A comienzos del siglo VIII, Kairuán se convirtió en la capital de la Ifriqiya árabe y en la base que usó Tarak Ibn Ziad para conquistar la península Ibérica. Su prosperidad alcanzó su apogeo en el siglo IX bajo la dinastía aglabí. Pero un siglo más tarde, destronada por los fatimíes, Kairuán perdió su estatus de capital en favor de Mahdia.

La medina de Kairuán tiene un marcado tinte local, lo que la convierte en una de las más interesantes del país. Hay menos vendedores de alfombras que antaño. Al igual que la visita a la mezquita, es imprescindible pasear por los zocos.

■ CISTERNAS DE LOS AGLABÍES ⭐

Construidas en torno al año 860, estas cisternas eran una de las quince diseñadas para abastecer de agua a la ciudad. La ingeniosidad del sistema le valió a Kairuán el nombre de «ciudad de las cisternas». Originalmente, las cisternas se abastecían mediante un sistema de drenaje. La construcción de un acueducto en torno al 961 trajo el agua de los manantiales de Cherichira, a 40 km de distancia. La estructura consta de una pequeña cisterna de decantación, una gran cisterna para almacenar el agua y dos tanques para extraerla, con una capacidad total de 68 800 m³.

■ CASA DEL BEY (CASA DEL GOBERNADOR) ⭐⭐

Frente al mausoleo de Sidi Abid el-Ghariani.

Se trata de una amplia y lujosa residencia que en su día perteneció al bey y que ahora alberga un templo de las alfombras. Recomendamos visitarla aunque solo sea por deleitarse la vista. Se pueden ver todo tipo de alfombras hechas a mano con diversos diseños. Verá que la calidad y el precio varían según el número de nudos de la alfombra: pueden ir de 10 000 a 250 000 nudos. Cuantos más nudos haya, más delicado es el trabajo y, por tanto, más cara es la alfombra.

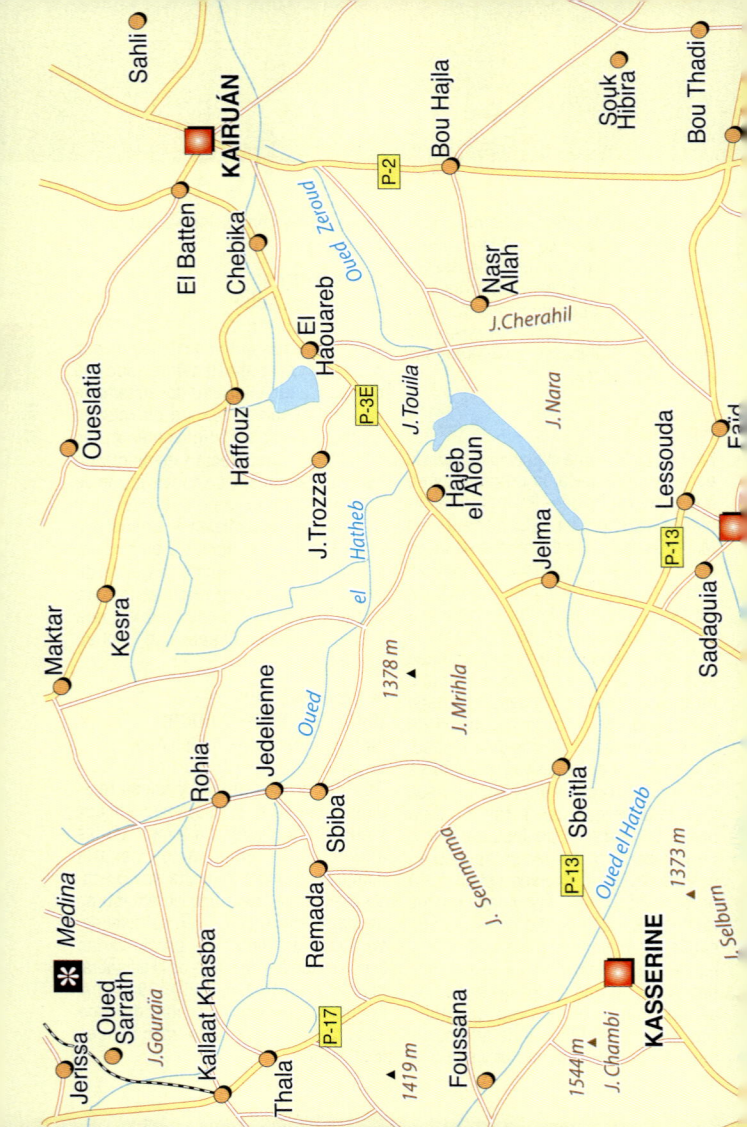

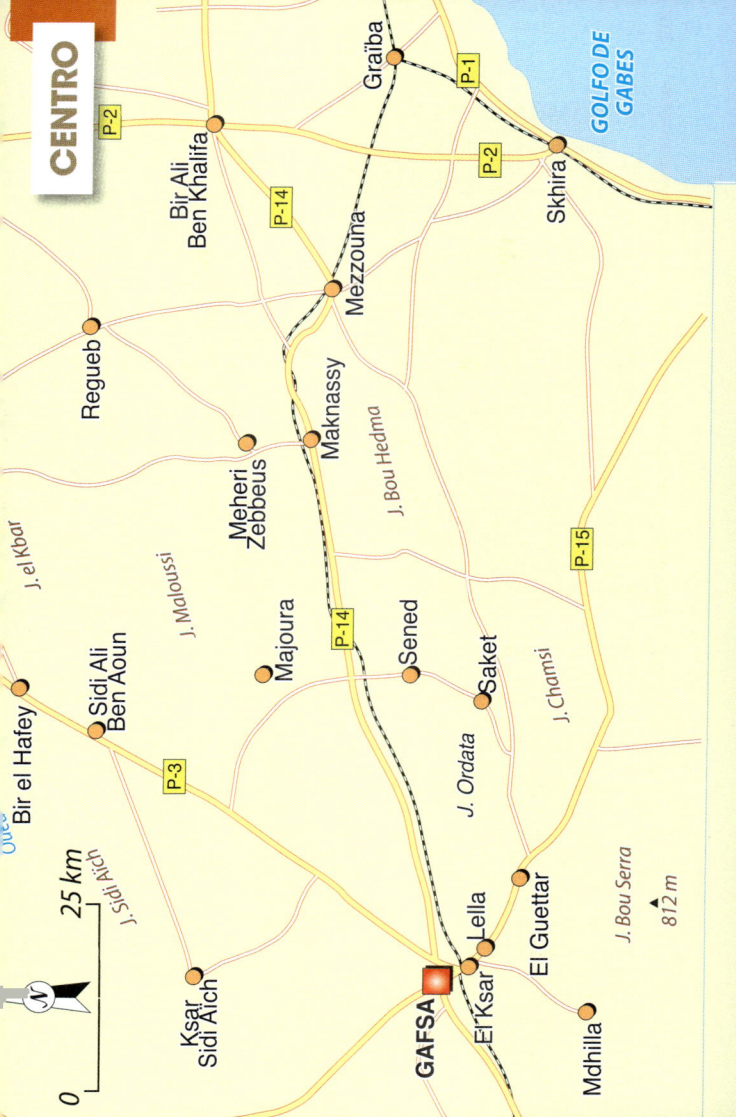

ALFOMBRAS DE KAIRUÁN

La reputación de los tejidos tunecinos se remonta al siglo V a. C., cuando los poetas alababan «las alfombras y cojines bordados de Cartago». En los primeros siglos del islam, el emirato aglabita de Kairuán pagaba parte del tributo en alfombras al califa de Bagdad. Kairuán sigue siendo a día de hoy un símbolo de la artesanía tradicional. Hay cuatro categorías de alfombras de Kairuán: alloucha, zarbia, mergoum y seda. La alfombra alloucha utiliza los colores naturales de la lana de oveja: blanco, gris-beige y blanco y negro. Cada etapa de la producción se realiza a mano. Aunque mantiene el mismo estilo geométrico, la llegada de la zarbia, una alfombra moderna de lana de alta calidad rica en colores finos, donde dominan los marrones y los rojos, dio paso a una nueva etapa. Este interés por los nuevos diseños ha ocasionado la diversificación del repertorio de modelos con nuevas creaciones inspiradas en la herencia tunecina. El mergoum de lana urdida utiliza un diseño geométrico bereber con multitud de colores y un fondo liso. La alfombra kairuaní, que originalmente tenía un máximo de 40 000 puntadas por metro cuadrado (20×20), ha pasado a tener texturas intermedias. Hasta 490 000 puntadas por metro cuadrado (70×70) se utilizan para confeccionar el *harir* o alfombra de seda. Para fomentar la producción, la Oficina Nacional del Artesano, en la avenida Ali-Zouaoui, ha introducido una legislación de calidad. Cada alfombra es controlada por especialistas y recibe una etiqueta oficial.

■ GRAN MEZQUITA DE KAIRUÁN

La Gran Mezquita de Kairuán, o mezquita de Sidi Okba, fue la primera del mundo musulmán occidental y fue construida hacia el año 680 por el fundador de la ciudad. Reconstruida tres veces, en el 695, el 774 y el 836, fue ampliada en el 862 y de nuevo en el 875 antes de adoptar finalmente una arquitectura aglabí más parecida a la de una fortaleza. Fue un lugar de aprendizaje y la mezquita atrajo a intelectuales de todo el mundo árabe. El singular exterior del edificio con su ladrillo ocre que parece brillar, fue restaurado con maestría en 1962. Situado en medio de las murallas, su inmenso patio pavimentado de mármol presenta un reloj solar que indica las horas de la oración, así como un colector de lluvia para las abluciones de los fieles. El suelo del patio cuenta con una multitud de agujeros diseñados para filtrar el agua de lluvia y canalizarla hacia cisternas subterráneas.

Como todas las mezquitas antiguas, la de Sidi Okba consta de una sala de oración, llamada *beit es Salât*, y un patio, llamado *sahn*. La sala de oración es rectangular, de forma basilical, y es muy parecida a la de la mezquita de El Aqsa. Ambas tienen naves situadas perpendicularmente en la pared del fondo que siguen el esquema de las basílicas cristianas.

A pesar de haber sido construido en varias etapas, este maravilloso edificio muestra

KAIRUÁN

una preciosa unión. Las columnas que la rodean, más de cuatrocientas, son de mármol rosa o negro y proceden, en parte, de varias ruinas antiguas del país, entre ellas Cartago. También hay un mihrab: un nicho en la pared del fondo que indica la dirección de La Meca, decorado con azulejos del siglo IX traídos de Bagdad. El mimbar, el púlpito de predicación donde se sitúa el imán, es también una pieza digna de admirar hecha con cedro tallado procedente de Mesopotamia. El patio de la mezquita consta de tres galerías. Pavimentado con piedra, ofrece el mejor ángulo desde el que admirar el enorme minarete cuadrado de tres pisos. La torre superior termina en una cúpula. El marco de la puerta del minarete está tallado en piedra y destaca por la riqueza y belleza de sus motivos. Los escalones del interior del minarete son antiguas lápidas de cementerios cristianos. La sinfonía de columnas y capiteles de la sala de oración, los arabescos de los bajorrelieves, el dorado del mihrab, la pureza de las arañas de cristal... Estas obras maestras hacen de la Gran Mezquita uno de los monumentos más bonitos del mundo musulmán.

■ MAUSOLEO DE SIDI ABID EL GHARIANI

La construcción de esta zaguía, iniciada en el siglo XIV, fue iniciativa del kairuaní Al-Yadidi. La obra fue continuada por su discípulo, que la utilizó como lugar de enseñanza. Posteriormente, el monumento fue remodelado varias veces. El edificio consta de una planta baja, un primer piso y tres patios. El mausoleo presenta interesantes esculturas de madera y estuco, y actualmente está bajo la supervisión del Instituto Nacional del Patrimonio.

■ MEZQUITA DE LAS TRES PUERTAS

Situada en el corazón de la medina, la mezquita de Ibn Jayrun, conocida como «la mezquita de las Tres Puertas», destaca por su bonita fachada, que está esculpida a todo lo ancho con caracteres árabes y piedras grabadas o ensambladas con motivos florales que recuerdan los primeros mosaicos. Estas dos largas inscripciones se tallaron en el 866 en letra cúfica y se trata de la fachada esculpida y decorada más antigua del arte islámico. La mezquita, construida por Mohammed ben Khairouan el Maafiri, es uno de los edificios más antiguos de Kairuán. Su minarete data de 1440.

■ MEZQUITA DEL BARBERO Y ZAGÜÍA DE SIDI SAHBI

Está dedicada a un compañero del Profeta, cuya particularidad era llevar siempre encima tres pelos de la barba de Mahoma. Sus cimientos son antiguos y el edificio actual se construyó en varias etapas. La cúpula del mausoleo data de 1629 y el minarete de 1690. Como en el resto de Kairuán, los techos son de estuco o cedro y las paredes están decoradas con numerosas cerámicas con motivos de colores. También hay un precioso patio rodeado de columnatas.

■ MUSEO DE ARTE ISLÁMICO DE RAQQADA

℡ +216 77 323 337
www.patrimoinedetunisie.com.tn
contact@patrimoinedetunisie.com.tn
Ubicado en un antiguo palacio presidencial en el yacimiento arqueológico de Raqqada, a 9 km de Kairuán, es el mayor museo dedicado a colecciones de objetos islámicos de Túnez. Expone

objetos medievales procedentes de Kairuán y de los yacimientos de Raqqada y Al-Mansuriya, una antigua ciudad principesca construida en época fatimí, así como una colección de monedas y cerámicas del periodo aglabí. Los objetos se exponen en siete salas.

■ MUSEO SIDI AMOR ABADA

Se encuentra en la zagüía Sidi Amor Abada, que alberga la tumba de este maestro herrero morabito que vivió a principios del siglo XIX. El museo reúne objetos de este enigmático personaje venerado por la población, que le atribuye dones y poderes sobrenaturales. Además de la exhibición de estos objetos de gran tamaño que reflejan el carácter megalómano del morabito, el edificio está rematado por siete cúpulas acanaladas. Aunque este elemento arquitectónico es bastante común en Kairuán, es poco común ver una cantidad tan grande.

Sidi Bouzid

Alejada del mar (el punto más cercano está en Sfax), de la capital y rodeada de montañas, la ciudad sufre un aislamiento que ha limitado su desarrollo. Con casi 40 000 habitantes, Sidi Bouzid es un centro administrativo regional y, sobre todo, una zona agrícola con llanuras dedicadas al cultivo de cereales, árboles frutales y a la horticultura.

En pleno centro de Túnez, le recomendamos visitar Sidi Bouzid si organiza bien el viaje. Es un lugar lleno de vida, una región donde se mezcla lo rural y lo moderno, además de ser la capital de una gobernación.

Sbeitla ★★

Sbeitla posee la unidad y la identidad propias de una ciudad pequeña con una arquitectura homogénea de cabañas blancas en hilera, construidas sobre un terreno estrecho y geométrico. Los miércoles, el día de mercado, toda la medina se transforma en un inmenso zoco. Sbeitla ofrece a los visitantes uno de los yacimientos mejor conservados de Túnez: la antigua ciudad de Sufetula. Su historia no es muy conocida. A pesar de haberse hallado restos antiguos, (estelas púnicas y dólmenes), se supone que la ciudad data de la época romana.

■ FORO ★★

A la izquierda de la entrada, encontramos un camino que conduce al foro y que ha sido modificado varias veces a lo largo de los siglos. Se accede por la majestuosa puerta de Antonino, un arco de tres tramos dedicado a Antonino Pío y a sus dos hijos adoptivos: Marco Aurelio, futuro emperador, y Lucio Vero. Datada en el año 139 d. C., esta puerta forma parte de la muralla de 70 por 67 metros que rodea el foro. A lo largo de este muro, hay pequeñas salas precedidas por un pórtico con columnas.

En el extremo del foro se encuentra lo que probablemente sea un capitolio dedicado a las tres principales divinidades del panteón romano: Júpiter, Juno y Minerva. La mayor originalidad de Sbeitla es que este capitolio está formado por tres templos, en lugar de un templo con tres capillas, como es la disposición clásica. Para preservar la unidad de los tres templos, el acceso al edificio central, precedido por una tribuna sin escalones, está controlado por los dos templos laterales.

VISITA

■ YACIMIENTO ARQUEOLÓGICO DE SBEITLA (ANTIGUA SUFETULA) ★★

www.tunisiepatrimoine.tn

Con un arco del triunfo y un templo, cuyas columnas aún se alzan orgullosas, el yacimiento de Sbeitla, vestigio de la antigua Sufetula, es uno de los emplazamientos arqueológicos más importantes del país, sobre todo por su tamaño y variedad. A los arqueólogos en ciernes les fascinará, sin duda, interpretar estas piedras y reconstruir mentalmente una ciudad floreciente a la que acudían tribunos vestidos con toga para sermonear a las multitudes en el foro. En este caso, conviene recurrir a la ayuda de un guía oficial (lo mejor es preguntar en la oficina de turismo) que le ayude a identificar los lugares, ya que algunas de las piedras son mucho menos elocuentes que otras y los falsos guías no tienen muchos más conocimientos que los turistas que hay perdidos entre estas hectáreas de ruinas. La presencia de un guía cualificado hará que su visita sea más rica, animada y agradable. La originalidad del capitolio reside en que está dividido en tres templos: el edificio de la izquierda estaba dedicado a Minerva, el del centro a Júpiter y el de la derecha a Juno.

El arco de Diocleciano es una imponente puerta con doseles de columnas que forman una abertura de más de 5 metros de largo dedicada a los cuatro emperadores que reinaron juntos hacia el año 300 d. C. Por todo este camino vemos fortalezas bizantinas, recintos sin puertas y equipados para resistir un asedio con cámaras y pozos, que son la prueba de la inseguridad que reinaba en la región antes de que cayera bajo dominio musulmán. Situado al borde del barranco del uadi Sbeitla, el teatro de este yacimiento arqueológico goza de un paisaje magnífico y pintoresco. Desgraciadamente, del edificio original

© ELEANER – ISTOCKPHOTO

Ruinas romanas de Sbeitla.

solo queda la orquesta, con las gradas muy deterioradas. Cerca del teatro, se encuentran las grandes termas con motivos geométricos.

El yacimiento arqueológico de Sbeitla incluye varias iglesias que atestiguan la influencia cristiana en el antiguo Túnez. Al norte del foro, la iglesia de Bellator, de tamaño bastante modesto y dos ábsides, incluye un baptisterio transformado en capilla y construido en homenaje al obispo Jucundus, martirizado por los vándalos a principios del siglo V. Más grande que la iglesia de Bellator, la iglesia de Vitalis contiene un baptisterio decorado con mosaicos en uno de sus dos ábsides.

La iglesia de Servus fue construida por una secta opuesta a los católicos, probablemente los donatistas, sobre un antiguo santuario pagano, cuyo templo sirvió de base para el baptisterio de la iglesia.

Kasserine

Es una ciudad industrial importante. No es ni muy moderna ni muy clásica, se presenta como un conjunto de casitas construidas apresuradamente a medida que crecía. Está rodeada por las montañas más altas del país: el Jebel Chambi, al oeste, de 1544 metros, el punto más alto de Túnez; el Jebel Semmama, al norte, de 1314 metros, y el Jebel Selloum, al este, de 1373 metros. La ciudad está situada en una llanura batida por el viento, que arrastra polvo de la arena y de las fábricas vecinas. Al norte, la vía férrea bordea el uadi El Hatab, que suele secarse en verano. En la carretera hacia el sur, en dirección a Gafsa, hay un conjunto de edificios conocido como «complejo cultural».

Cuando pasee por los zocos al aire libre bajo las tiendas y por la arena, podrá comprar coladores, cuscús y telas a los mejores precios. Esta localidad lejos de la capital tiene un colorido mercado semanal los martes.

■ LUGARES HISTÓRICOS

Los principales lugares históricos que datan de la época romana y bizantina son el teatro romano, los restos de la ciudad de Cillium, cuyo arco sigue en pie, y la tumba bien conservada de Flavio y sus hijos. Se trata de monumentos que atestiguan el desarrollo y la estabilidad experimentados por la ciudad durante estos lejanos tiempos. En el siglo V, Kasserine fue uno de los lugares preferidos de san Agustín. Mandó construir aquí un monasterio, donde murió el príncipe Salomón en el 544 luchando contra los bereberes.

Kasseine. Restos arqueológicos.

VISITA

A medida que se desciende hacia el sur, se va dejando atrás la verde vegetación para toparse con la aridez del Sahel. Al final de la gran región de olivares que se extiende alrededor de Sfax, aún se pueden ver muchos manzanos y, con ellos, vendedores de manzanas, albaricoques y melocotones.

Sfax

Heredera de un antiguo asentamiento conocido en latín como «Taphrura», la ciudad fue un centro estratégico y comercial. Gozó de prosperidad y excelencia hasta la invasión de los Banu Hilal en el siglo XI, seguida de la ocupación normanda (1149-1160). Fue una ciudad marítima sometida a constantes incursiones de barcos cristianos que no recuperó la estabilidad política hasta el siglo XVI. Sfax es una ciudad industrial con un puerto muy importante. Sus principales exportaciones son el aceite de oliva, las almendras y el pescado fresco o congelado. Es la primera productora del país y la gobernación produce una media del 40 % del aceite de oliva y el 30 % de las almendras. También explota petróleo y más de un millón de toneladas al año del enorme yacimiento de gas natural de Miskar. La actividad comercial es local y regular, y el centro es típico de una auténtica ciudad obrera. El contraste es sorprendente para cualquiera que venga de Yerba o incluso de Susa. Sfax le enseñará la cara real y sin adornos del Túnez moderno, activo y abierto al mundo. En Sfax no hay playas, ya que su litoral está ocupado principalmente por el puerto; por eso, los habitantes de Sfax van a tomar el sol a las islas Kerkennah, a media hora en ferri, o bajan por la costa hacia Mahrès.

■ GRAN MEZQUITA DE SFAX

Fue construida en el 849 por un alumno del jurista Sahnoun, el cadí Ali Ben Salem Jebenyani, y fue ampliada varias veces, la última en 1758 por los turcos. La sala de oración es cuadrada. El patio está rodeado de cuatro galerías. El minarete y la gran puerta que da acceso a la sala de oración recuerdan a los de la mezquita de Kairuán. Sobre las frescas esteras de la sala de oración se tomaron las grandes decisiones que marcaron la historia de la ciudad. Con la independencia, las obras de renovación devolvieron al edificio su estilo y sencillez.

■ MERCADO DEL PESCADO

Situado al norte de la medina, delante de Bab el-Jebli

Es un bonito mercado de pescado con un ambiente muy típico que realmente merece la pena visitar. Los habitantes de Sfax acuden aquí sobre todo para obtener pescado para preparar la *marqa*, un plato que se come con una torta de cebada. Durante el Ramadán, también se vende pescado salado en la subasta, que sirve de complemento para la *charmoula*, una salsa dulce con mermelada de pasas y cebollas, el plato imprescindible para celebrar el *Aïd*.

El mercado de pescado de Sfax será una parada interesante para conocer la gastronomía tunecina.

■ MEDINA DE SFAX

A la medina se accede por la puerta Bab Diwan, que data del siglo XIV, y está cerca de la Gran Mezquita, construida a mediados del siglo IX. En la entrada de la medina se puede comprar todo tipo de pan fresco. El gran atractivo de este barrio son sus zocos del norte, en particular el zoco el-Djedid, parecido a nuestros mercadillos, el zoco Kemour, reservado a los perfumes y las especias, y el zoco Rbaa, reservado a los tejidos. La medina cuenta con 74 edificios religiosos. No está obligado a consumir y el ambiente es muy agradable. Le recomendamos ir a dar un paseo.

■ MUSEO DAR JELLOULI

En la medina

De inspiración andaluza y construido alrededor de un precioso patio interior, Dar Jellouli fue construido en el siglo XVII por una adinerada familia de gobernadores de Sfax. Habían hecho fortuna como armadores de barcos. La hermosa residencia es un palacio de estilo andalusí. La visita hará que reviva el pasado de Sfax: desde las necesidades cotidianas hasta las aspiraciones espirituales. En la planta baja se exponen objetos cotidianos de la cocina, el aseo, la ropa y el mobiliario; en la primera hay trajes tradicionales y joyas; y en la segunda, diversas caligrafías.

Islas Kerkennah

Las islas Kerkennah se han conservado bien hasta nuestros días, o tal vez simplemente las han olvidado, y aparecen como una enorme balsa errante frente a la costa de Sfax. A 20 km de la costa, justo sobre un mar de jade de aguas tranquilas, aparece nuestro escenario. Allí se extiende una discreta cortina de palmeras tras la que viven los habitantes de las islas aislados del mundo. Kerkennah está formada esencialmente por dos islas: Gharbi, la occidental, de 15 km por 7 km, y Chergui, la oriental, de 42 km por 8 km. Las demás islas son más pequeñas y están deshabitadas.

VISITA

© SKAZARPHOTO – SHUTTERSTOCK.COM

Islas Kerkennah.

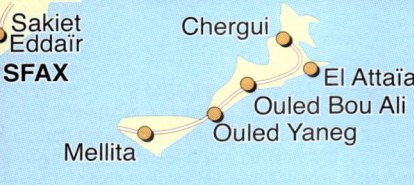

Sakiet
Eddaïr
SFAX

Chergui

El Attaïa
Ouled Bou Ali
Ouled Yaneg

Mellita

ISLAS KERKENNAH

MEDITERRÁNEO

SUR

**Houmt
Souk**

*ISLA DE
YERBA*

Cedriane

El May
Midoun

Sedouikech

uellala

Hassi Jerbi

*Rass
Marmor*

Si
Chemmakh

lfo
Bou
ara

El Mouansa **Zarzis**

Rass Lemsa

Naoura ✳

■ PLAYAS

La playa de la zona turística de Sidi Fredj no está urbanizada y no carece de encanto, pero es una de las más concurridas. Las playas de arena de Sidi Fankhal, a 20 minutos al este de Remla, también son bonitas. Aquí el mar es un poco más profundo. Para llegar, hay que atravesar un pequeño desierto de sal, el Sebka. Pida un guía, ya que es de difícil acceso. La famosa playa de Mkaren Klifa se encuentra en el extremo occidental. Por último, la playa más popular entre los habitantes de Sfax se encuentra cerca del embarcadero y sigue siendo bonita, aunque suele estar abarrotada.

Gabes

Ubicado entre los montes Ksour al norte y el Jebel Tebaga al sureste, el oasis de Gabes es el único del país que ofrece un paisaje increíble: mar, oasis, desierto y montaña. Con fama de guarida de saqueadores, Gabes fue ante todo una ciudad comercial: Cartago y luego Roma la habían convertido en un importante puesto comercial. A partir del siglo VII, este lugar de paso se convirtió en un puesto de control. Más tarde, Boulbaba al Ansari, compañero del Profeta, conquistó la ciudad y construyó una fortaleza. En la Edad Media, Gabes, o la Puerta del Sur, era el punto de llegada de las grandes caravanas procedentes de África. Su posición estratégica supuso casi su desaparición durante la Segunda Guerra Mundial: estuvo en el centro de los combates entre franceses e italianos asentados en Libia y fue destruida casi en su totalidad al comienzo del conflicto.

■ PALMERAL DE GABES

Desde la época romana, el palmeral de Gabes, también conocido como Oasis Marítimo, ha sido durante mucho tiempo el principal atractivo de la ciudad. Con una superficie de 60 km², se extiende hasta el mar. Desde el promontorio de Ras el Oued, hay unas vistas preciosas del palmeral. La tragedia de este palmeral, además de la fuerte contaminación, es que las palmeras datileras solo producen dátiles mediocres que no se exportan y que dan poco dinero. Como consecuencia, a las palmeras las están «asesinando», en palabras del guía, de manera que el número de palmeras disminuye cada año: se ha pasado de 400 000 en 1980 a 150 000 en la década de 2020. Es una tragedia.

El Hamma

A unos 30 kilómetros hacia el interior de Gabes. Es un cruce de caminos que conduce a las zonas desérticas del oeste, hacia Kebili y Douz.
El oasis de El Hamma ya era famoso en la época romana, bajo el nombre de Aquae Tacapitanae, por sus aguas termales. El agua, muy caliente y sulfurosa, abastece dos baños turcos (uno para hombres y otro para mujeres) donde aún se pueden ver unos bancos de piedra que datan de la Antigüedad.
La avenida principal está muy animada y muy bien iluminada al caer la noche. También hay vendedores de sandías para evitar la deshidratación durante la temporada alta.

Zarzis

Situada al sur de Túnez, la península de Zarzis, antiguamente conocida como

© JH FOTOGRAFIE – SHUTTERSTOCK.COM

Mezquita de Zarzis.

Zita o Gergis, tiene la particularidad de encontrarse entre el mar y el desierto. Tiene unos 75 000 habitantes. Zarzis vive de la pesca, los olivos, el comercio y el turismo. Sus playas de arena fina figuran entre las mejores de Túnez, lo que hace que la localidad sea una importante atracción turística. Su proximidad a la isla de Yerba, a 10 km, es una gran ventaja para descubrir esta mítica isla. Su proximidad al desierto permite realizar excursiones a Matmata, Tataouine y Ksar Ghilane.

Gergis (Zarzis) fue un puesto estratégico en el sur del Mediterráneo, un puerto seguro y un paso esencial para los barcos. Fue un importante puesto comercial fenicio en la pequeña isla de Syrte antes de pasar a manos de Cartago y Roma.

■ MUSEO DE ZARZIS ⭐

Iglesia de Notre Dame de la Garde
☎ +216 75 692 908
www.patrimoinedetunisie.com.tn
Este museo se encuentra en la antigua iglesia de Notre Dame de la Garde, construida a principios del siglo XX. Presenta la historia de Zarzis y los yacimientos antiguos de la región a través de hallazgos arqueológicos y objetos cotidianos. También está representada la época cartaginesa. Una maqueta del yacimiento de Gigthis ilustra la importancia de los intercambios económicos en la época romana. También se exponen herramientas utilizadas por los habitantes de Zarzis en las actividades que han marcado su vida cotidiana desde la Antigüedad, como el cultivo del olivo, la pesca y el comercio.

YERBA

Yerba es un mosaico que explica su posición estratégica en el Mediterráneo. La isla fue muy atractiva para todos los conquistadores, así que le costó mantener su independencia, integridad y total libertad.

Las amenazas la hicieron guerrera. Yerba era originalmente un puesto comercial fenicio y ha conservado vestigios de ello a lo largo de su historia. Abastecida generosamente de trigo, cebada, fruta, olivos y vides, fue casi siempre próspera. Tras las guerras púnicas entre cartagineses y romanos, Yerba se inclinó principalmente hacia Roma. Para facilitar el comercio entre la isla y el continente, los nuevos ocupantes construyeron una carretera de grava de 6 km, la Pons Zita, cuyo trazado es más o menos el mismo que el de la carretera actual, construida en 1953.

El cristianismo se arraigó más tarde en la región, aunque no convirtió del todo a un país sobre el que pronto reinaría la media luna musulmana. Los yerbianos, de origen bereber, se fueron convirtiendo poco a poco al islam.

El turismo vino al rescate de una isla adormecida cuyos encantos empezaron a descubrirse en los años sesenta. Los hoteles empezaron a surgir a lo largo de las magníficas playas del noreste. Los yerbianos que se habían quedado en la isla empezaron a disfrutar de una cierta comodidad en sus menzels. Esto impulsó a los inmigrantes a regresar y a volver a construir, garantizando al mismo tiempo la integridad de su territorio. Yerba no hace más que evolucionar e intenta preservarse sin dejar de adaptarse a los tiempos.

Houmt Souk

Houmt Souk es uno de los pocos lugares auténticos con algo de vida de la isla. Por supuesto, como en cualquier otro lugar de Túnez, sus zocos no son más que una sucesión de vendedores que gritan y chillan a cada transeúnte. Sin embargo, el zoco general ofrece realmente un espectáculo que no se encuentra en ningún otro lugar del país: telas de otros lugares, una oferta gigantesca, ya que el mercado se extiende a lo largo de varias manzanas, y cosas por fin diferentes de los productos que hemos visto mil veces antes.

■ LAS TRES MEZQUITAS

Las mezquitas de Houmt Souk son muy interesantes. Los no musulmanes no pueden visitarlas, así que tendrá que conformarse con verlas por fuera.

▶ **La zagüía de Sidi Brahim**, llamada así por el santo que descansa allí, recuerda a las mezquitas fatimíes. La cúpula de azulejos tiene una original forma de campana.

▶ **Enfrente, la mezquita de los Extranjeros** se reconoce por sus múltiples cúpulas.

▶ **Por último, la mezquita de los Turcos**, del siglo XVIII, ostenta un minarete con una linterna típicamente turca.

▶ **Numerosas mezquitas de gran pureza están repartidas por toda Yerba**. Son independientes, a diferencia de las que se encuentran en otras medinas del Magreb. Las mezquitas más antiguas datan de finales del siglo VIII y son ibadíes.

El ibadismo es una rama del islam que predica la virtud del trabajo duro, los principios igualitarios y las cualidades morales y espirituales exigidas a los guías elegidos por sus pares. Esta asamblea de sabios, *azzabas*, se encargaba de la organización religiosa y social de la vida comunitaria.

En la actualidad existen tres tipos de mezquitas en Yerba: las mezquitas costeras, que formaban una primera línea de defensa y, al estar muy cerca unas de otras, desempeñaban una función vital de vigilancia; las mezquitas fortificadas, de aspecto macizo, que formaban una segunda línea de retaguardia, y por último, las mezquitas del interior, construidas a veces bajo tierra para servir de refugio, estaban dedicadas no solo al culto, sino también a la enseñanza y a la organización de la vida cívica.

■ BORJ GHAZI MUSTAPHA (BORJ EL KEBIR)

Cerca del puerto pesquero y del teatro al aire libre. ℭ +216 75 650 540

Ofrece unas vistas magníficas desde las torres de vigilancia. Se construyó hacia 1392 sobre las ruinas de la antigua ciudad romana de Girba, la actual Houmt Souk, cuyos restos se utilizaron en la construcción de la fortaleza. Se amplió en 1450. Cerca se encuentra Borj Er Rous, donde tuvo lugar la masacre perpetrada por las tropas del turco Dragut: aquí se construyó la llamada torre de las calaveras, ya que el pirata mandó apilar los cráneos de sus enemigos. En 1848 fue sustituida por un obelisco de 9 metros de altura.

■ ISLA DE LOS FLAMENCOS

La isla de los flamencos es en realidad una península accesible en velero y 4x4. En la ruta terrestre desde Houmt Souk, se encuentran los humedales protegidos, que resguardan el hábitat de las aves migratorias. Por mar, se puede llegar a la isla de los flamencos con una excursión en barco desde el puerto de Houmt Souk. La travesía hasta esta playa desierta es única. Para ver los flamencos, venga en

Houmt Souk.

abril u octubre. Aquí también vienen tortugas a desovar. Puede que incluso se cruce con delfines por el camino.

■ MERCADO Y ZOCO CUBIERTOS

Es el centro de vida de Houmt Souk, que literalmente significa «el barrio de los zocos». En los zocos del centro se venden telas, alfombras y artículos turísticos. A su alrededor se encuentran los zocos especializados: el de los caldereros, el de los ferreteros y el de los orfebres. En el zoco de los joyeros, artesanos de origen judío fabrican joyas como en la época de sus antepasados. Al sur, el zoco de las especias y el mercado del pescado, abierto al público de 10 a 13 h, permanecen muy animados, sobre todo durante la subasta de pescado. En los restaurantes de los alrededores, los yerbianos cocinan el pescado recién comprado.

■ MUSEO DEL PATRIMONIO TRADICIONAL DE YERBA

Mausoleo de Sidi Zitouni, cerca de Houmt Souk.
Avenue Habib-Thameur
℅ +216 75 650 540
www.patrimoinedetunisie.com.tn
contact@patrimoinedetunisie.com.tn
Situado en las afueras de la ciudad, este museo ha sido renovado con éxito. Sus ricas colecciones, muy bien presentadas, ofrecen una visión del pasado artesanal de Yerba en sus diferentes ramas: la forma de ocupar el terreno de la isla con una maqueta muy didáctica de un *menzel*, los diferentes tipos de pesca o las técnicas artesanales, con muestras de trajes, joyas, alfombras y diversos objetos de arcilla o madera tallada. Aquí aprenderá mucho sobre la cultura de Yerba.

Erriadh ★★

Erriadh es la antigua Hara Seghira, un pueblo habitado antiguamente por judíos que, según la tradición local, llegaron a Yerba para refugiarse tras la destrucción del templo de Salomón en Jerusalén en el siglo VI a. C. Hoy, en este tranquilo pueblo a un tiro de piedra de La Ghriba, judíos y musulmanes conviven con respeto mutuo.

La religión jaredí no es la única presente en la isla: Yerba alberga una comunidad judía que llegó aquí en el siglo I tras la destrucción de Jerusalén por Tito. Acogidos por los bereberes, los judíos han adoptado algunas de sus costumbres cercanas a la superstición.

Concentrada en los pueblos de Hara Kebira (gueto grande), a las afueras de Houmt Souk, y de Hara Seghira (gueto pequeño), actual Erriadh, en el centro de la isla, la comunidad judía se redujo considerablemente cuando se creó el Estado de Israel. Los pueblos, que antes eran exclusivamente judíos, están ahora habitados en su mayoría por musulmanes. Yerba alberga uno de los primeros lugares santos judíos del norte de África: la sinagoga de Ghriba.

■ DJERBAHOOD

www.djerbahood.com
contact@itinerrance.fr
Solo por este proyecto ya merece la pena visitar Erriadh y puede que incluso Yerba. El proyecto Djerbahood consiste en un museo de arte callejero al aire libre, una obra de arte en sí mismo, que llegó por primera vez a Erriadh en 2014 acompañado de 150 artistas procedentes de una treintena de países. Aquí, las obras de arte adornan las paredes de un bonito pueblo lleno de gente.

Este proyecto artístico y humano sin precedentes es obra de Mehdi Ben Cheikh, un galerista franco-tunecino de arte urbano. Ofreció a los habitantes de Erriadh, en el corazón de la isla, una experiencia extraordinaria: convertir su pueblo en un museo de arte callejero al aire libre. Una obra de arte completa y colectiva inmersa en su entorno para hacerlo resaltar. Djerbahood ha permitido restaurar el patrimonio arquitectónico de Erriadh, una fuente de turismo comprometido y sostenible. Ya en 2014 y de nuevo en 2022, maestros de la pintura urbana se han apoderado de los muros, callejuelas y rincones más escondidos del pueblo para dejar su huella, sus pensamientos y sus mensajes. En total, se han creado más de 200 murales, aunque algunos han desaparecido por el desgaste del tiempo y la renovación de algunos edificios. Djerbahood ofrece una visión audaz de la renovación y la diversificación del turismo que puede lograrse a través del arte del siglo XXI. En perpetua evolución, este proyecto universal sigue mostrándonos su inventiva. No puede perderse esta iniciativa cuando visite Yerba.

■ SINAGOGA DE LA GHRIBA ★★★

✆ +216 75 650 021

En la isla hay una veintena de sinagogas, pero la de Ghriba merece una visita durante su estancia en Yerba. Este lugar de oración cuenta con una leyenda que todos los yerbianos conocen: una mujer extranjera vino a vivir aquí sola con su tienda. Una noche, durante una tormenta, su tienda se incendió y murió asfixiada, pero su cuerpo permaneció intacto. Se dice que la sinagoga se construyó donde ocurrió el milagro y se llama La Ghriba en memoria de dicha

extranjera. No se sabe con seguridad la fecha de construcción de la sinagoga y, leyenda o realidad, algunos dicen que la primera piedra del edificio procedía del templo de Salomón. El estado actual de la sinagoga data de su última remodelación en 1938. La arquitectura exterior lleva los colores de Túnez, blanco y azul, y carece de interés real. Si se respetan las condiciones de acceso (pasar por el pórtico de seguridad y cubrirse la cabeza y los hombros), podrá entrar y ver una decoración muy oriental con azulejos de cerámica vidriada, carpintería barroca, objetos de oro, adornos de plata y vidrieras de colores. La luz es tenue y el aire está impregnado de incienso. En esta atmósfera espiritual, los rabinos antes, y a veces ahora también, se pasaban el día cantando y recitando salmos. Cómodamente sentados en posturas relajadas, parecen ajenos a las visitantes. La Ghriba alberga una de las Torás más antiguas del mundo: los pergaminos del Pentateuco que contienen la esencia de la Ley mosaica, la Ley judía. Se conserva en la sinagoga durante toda la semana. El sábado, día del *sabbat*, el rabino jefe abre las puertas de madera tallada adornadas con joyas cinceladas que la protegen, saca la Torá y la lee ante los fieles. Según los rabinos de la sinagoga de Ghriba, los judíos de la isla se establecieron en Yerba en el 586 a. C., fecha en la que Nabucodonosor destruyó Jerusalén. Llevándose consigo algunos manuscritos de las Tablas de la Ley, las comunidades judías se asentaron por todo el mundo, principalmente en el norte de África. En el 539, Ciro, rey de los persas, autorizó el regreso de los judíos a la ciudad santa. Muchos regresaron, mientras que otros se quedaron donde estaban, sobre todo en Yerba. Aunque conser-

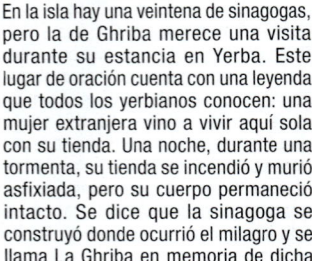

varon su religión, se fueron arabizando y adoptaron nombres y lenguas árabes, pero sin convertirse al islam. La literatura árabe primitiva cuenta entre sus obras más destacadas algunas joyas escritas por poetas y romanceros judíos. Pasaron más de 2000 años hasta que se produjo un importante declive de la comunidad con la proclamación del Estado de Israel en 1948. La comunidad judía actualmente solo cuenta con 650 miembros, casi todos residentes en Er Riadh. En Yerba, los judíos y los musulmanes se entienden a la perfección, como podrá comprobar usted mismo en los zocos de los joyeros o en el barrio judío, donde incluso podrá comer un *brik*. Todos los años se celebra una peregrinación a La Ghriba tres semanas después de la Pascua judía. Durante dos días, las Tablas de la Ley recorren la isla. Este acontecimiento atrae a muchos creyentes de todo el mundo y es también una fiesta muy apreciada por todos los yerbianos, ya sean judíos, musulmanes o cristianos, que se reúnen para celebrar juntos un mensaje de amor y paz. Es una muestra más de la extraordinaria convivencia que existe en Yerba.

El May

El May, que debe su nombre a una tribu bereber conocida como «laméïa», está situado en el centro de la isla y lo atraviesa una carretera que lleva de Houmt Souk a El Kantara. Este pequeño pueblo de 4000 habitantes merece una visita por su ambiente y su preciosa mezquita otomana Oum el Turquia («La Madre Turca»), que cuenta con un minarete de techo redondo y muros encalados. Modesta y sobria, prácticamente sin aperturas, se asemeja a un pequeño fuerte mexicano. Esta mezquita es probablemente una de las más bonitas de la isla y puede que hasta de Túnez, y es muy fotografiada por los fotógrafos, que la ven como el símbolo más puro de la serenidad de Yerba. Ha permanecido inalterada desde su construcción en el siglo XVI. En una estrecha calle a 300 metros de la mezquita, se encuentra el pequeño mercado.

Midoun

Se encuentra a 15 kilómetros de Houmt Souk. Por desgracia, la zona turística se ha comido parte del territorio del pueblo. Midoun es la segunda ciudad más habitada de Yerba, con unos 75 000 habitantes. Es un centro tranquilo con un estilo arquitectónico relativamente homogéneo y clásico. La plaza central es acogedora y está muy animada en temporada, como bien indican sus terrazas repletas de gente en cuanto el tiempo lo permite. El mercado, que abre el jueves por la tarde y cierra el viernes a mediodía, se espera cada semana con ganas en toda la isla.

■ MEZQUITA DE FADHLOUN

La mezquita de Fadhloun, que data del siglo XIV, es una de las más llamativas de la isla. El monumento se compone de tres subconjuntos: una sala de oración construida en medio de un patio cerrado con el suelo cubierto de cal, dependencias interiores que comprenden una sala principal dedicada a la enseñanza coránica y dos salas más pequeñas, una para alojamiento y otra para el aprovisionamiento de alimentos, y, por último, dependencias exteriores para las abluciones rituales y una escuela coránica. El complejo también incluye un molino de grano subterráneo y una panadería.

Zona turística

Toda la zona turística se encuentra en la parte noreste de la isla. Frente a la carretera del palmeral, los comerciantes ofrecen cerámicas, chilabas, alfombras y recuerdos a los clientes que no quieren complicarse. Todos los complejos hoteleros ofrecen una amplia gama de actividades con equipo de animación durante todo el día, así como excursiones de medio día, día completo o más largas. Por último, algunas discotecas realzan aún más la reputación de Yerba.

■ **DJERBA EXPLORE**
☎ +216 75 745 277
www.djerbaexplore.com
Un original complejo que incluye el Museo Lalla Hadria, el Djerba Héritage y el parque de los cocodrilos: no le faltarán elementos para pasar un rato agradable y gratificante. El impresionante Museo de Arte e Historia del Mundo Árabe abarca trece siglos. Esta colección de más de mil piezas muestra la influencia ejercida por el arte islámico desde la cuenca mediterránea hasta los confines de Asia. Las colecciones abarcan desde el vasto mundo musulmán hasta las artes del Magreb y las tribus de Túnez. Destacan el pergamino del Corán de Kairuán, los fragmentos de la cortina de la Kaaba, una magnífica colección de trajes tunecinos y obras maestras de caligrafía. El museo Djerba Héritage muestra una acertada reconstrucción de las costumbres típicas de Yerba. Este espacio al aire libre está lleno de historia. En este *menzel* tradicional, se nos invita a descubrir las costumbres, la artesanía y la forma de vida de la isla a través de una demostración en directo de prácticas como la alfarería y el tejido.

A continuación, nos guiarán hasta el parque donde en 1998 se trajeron de Madagascar cuatrocientos cocodrilos del Nilo. En la actualidad, ochocientos reptiles viven en el recinto. El clima de Yerba permite a los cocodrilos del Nilo vivir al aire libre la mayor parte del año. Aquí hay mucho que aprender. Los cocodrilos de veinticuatro años miden una media de 4,5 metros y pesan 500 kg. A pesar de estas medidas, los animales solo comen 4 kilos de carne a la semana, pero perderán más de 3000 dientes a lo largo de su vida.

Guellala

Al sur de la isla, a unos 20 kilómetros de Houmt Souk, el pueblo de Guellala ha aprovechado su suelo arcilloso para convertirse en la meca de la alfarería. Durante mucho tiempo ha destacado por la calidad artística de sus creaciones, pero la tradición alfarera del pueblo se ha resentido por haberse enfocado demasiado en el turismo, por lo que la mayoría de las piezas que se ofrecen ya no tienen demasiado valor.

■ **TALLER DE CERÁMICA DE CHADLEYA Y ADEL BEN MAHMOUD**
☎ +216 97 105 735
Si solo pudiera visitar un taller artesanal durante su estancia en Yerba, le recomendamos que sea el de Chadleya y Adel Ben Mahmoud, en la calle principal de Guellala. Esta pareja de alfareros es notable en más de un sentido. Adel es un alfarero de tradición familiar y le encanta transmitir su arte. Chadleya es la única mujer alfarera de Yerba. En una sociedad en la que las mujeres siguen relegadas con demasiada frecuencia a las tareas domésticas, su marido Adel se enorgullece de tenerla a su lado en el taller que comparten. Ambos moldean hermosas piezas únicas, pero

es ella la que las decora con magníficos motivos *amazigh* (bereberes). Al verlos, es fácil entender por qué *amazigh* significa «hombres y mujeres libres» en lengua bereber. Además de artistas, son unos anfitriones increíbles: han acogido a ministros y jefes de Estado y están encantados de recibir a los viajeros de paso. No está obligado a comprar nada, es más, insistirán en servirle una taza de té o incluso el desayuno. También puede probar a hacer su propia cerámica utilizando el torno de alfarero de la pareja de forma gratuita durante todo el tiempo que desee. Su hijo Ahmed continúa la tradición. En el taller se venden piezas únicas de cerámica a precios muy bajos: Puede encontrar candelabros y tazas pequeñas a partir de tres dinares la pieza. Tómese su tiempo para visitar el taller.

■ MUSEO DEL PATRIMONIO ⭐⭐
✆ +216 75 761 114

Un bonito museo totalmente blanco, con hermosos jardines que representan escenas de la vida cotidiana de Yerba. Se recrean todas las etapas de una boda, desde la preparación de la novia hasta los festejos. También se explica el proceso de trituración de aceitunas con dromedarios, las danzas sufíes, la circuncisión y muchas otras tradiciones. La museografía está un poco anticuada, pero la estructura general del museo es muy informativa. Le recomendamos que vaya con un guía. La cafetería del museo cuenta con un bonito mirador: es el punto más alto de la isla con sus 52 metros.

Ajim ⭐

Si quiere llegar a Matmata, este es el lugar al que debe dirigirse. Muchos de los habitantes de este pueblo pesquero han abierto tiendas de recuerdos, tanto para los que llegan como para los que se van. Tradicionalmente, aquí se pescaban esponjas, aunque ahora son mucho más escasas, y meros, que aún abundan.

■ COSTA SILVESTRE ⭐⭐

El magnífico litoral salvaje se extiende a lo largo de la costa oeste de Yerba. No hay edificios frente al mar, salvo algunas mezquitas que en su día sirvieron de atalayas. Tome la carretera que bordea la costa desde Ajim a última hora de la tarde en dirección norte: verá la puesta de sol frente a usted y podrá disfrutar del paisaje salvaje del Mediterráneo y el paisaje rocoso repleto de palmeras. Haga una parada en la playa de Sidi Jmour para ver su pequeña mezquita epónima a unos 16 km al norte de Ajim. Construida a principios del siglo XVII, la mezquita de Sidi Jmour debe su aspecto macizo a su antigua función militar. De hecho, las dieciocho mezquitas construidas a lo largo de la costa de Yerba también tenían un propósito defensivo. Para mantener la discreción, estas mezquitas no tenían minarete y eran más bien compactas, por lo que a veces las llamaban mezquitas enanas. Estaban rematadas por una linterna, que se utilizaba para enviar mensajes de una mezquita a otra en caso de ataque. Actualmente esa misma linterna se enciende a la hora de la oración. A lo largo de toda la costa, hay pequeñas playas de rocas escarpadas donde las familias de Yerba acuden a hacer pícnics. También se encontrará con pescadores que practican su arte al modo tradicional: plantan ramas de palmera en el mar para formar pasillos que se estrechan poco a poco y acaban en una trampa. Estos conjuntos de ramas se colocan estratégicamente teniendo en cuenta las corrientes marinas. Es un arte que merece la pena ver cuando pasee por la costa.

VISITA

GRAN SUR

El gran sur de Túnez es el desierto en todo su esplendor, con todas sus características y más. Es una región rica en contrastes, inmensa, con un encanto y unos paisajes y ambientes inolvidables. Pero el desierto puede sorprenderle en cualquier momento, por lo que hay que ser prudente y estar alerta.

Gafsa ⭐

El yacimiento prehistórico de Capsa dio su nombre a la familia «capsiana» del *Homo sapiens*. Durante la Antigüedad, los romanos fundaron Capsa. La ciudad fue arrasada en el 107 a. C. por los romanos en guerra con el rey Jugurtha. En el 540 los bizantinos construyeron una muralla y la ciudad pasó a llamarse Justiniana en honor del emperador bizantino Justiniano I. Ante la resistencia de los bereberes, reclamados por el cristianismo y que se negaban a convertirse al islam, los árabes comandados por Oqba Ibn Nafi tomaron la ciudad en el 688, llevándose a más de 80 000 prisioneros. Aunque no se lo crea, en el siglo XII aún se hablaba latín en Gafsa. La ciudad también fue escenario de bombardeos alemanes durante la Segunda Guerra Mundial y parte de la casba construida en el siglo XV por los sultanes hafsíes conserva algunas de sus cicatrices. Actualmente, esta gran ciudad llena de vida es un punto crucial en la región oriental de Túnez: es la puerta de entrada al sur, que comunica con Tozeur y el desierto, con la costa este y Yerba, así como con el norte (Kasserine, Kairuán y Túnez se encuentran a 350 km). Gafsa cuenta con numerosos puntos de interés, tanto antiguos como contemporáneos.

■ GRAN MEZQUITA DE GAFSA ⭐

Construida por los aglabíes y ampliada por los hafsíes, la Gran Mezquita de Gafsa es la tercera más grande de Túnez. Se cree que fue construida entre los años 800 y 909. Como suele ocurrir en Túnez, los no musulmanes solo pueden visitar el patio. Su arquitectura es idéntica a la de Kairuán y a la de la mezquita Zitouna de Túnez. El patio está rodeado de columnas con capiteles tomados de otros monumentos antiguos. Solo el minarete es nuevo (del siglo XX), ya que el antiguo estaba en ruinas.

Gran Mezquita de Gafsa.

GRAN SUR

■ CASBA DE GAFSA

La casba de Gafsa, construida en piedra amarilla en el siglo XV sobre ruinas bizantinas, se encuentra detrás del Palacio de Justicia. Fue restaurada tras sufrir graves daños durante la Segunda Guerra Mundial al explotar un depósito de municiones alemán. Un precioso jardín, alimentado por aguas termales, proporciona calma y serenidad. Contrasta con el bullicio de la ciudad. En el centro de la casba, la piscina romana se encuentra en perfecto estado, lo que la convierte en un bonito lugar para pasear.

Chebika

El oasis de Chebika es la primera maravilla que verá antes de subir a Tamerza. Está considerado uno de los oasis de montaña más bonitos de Túnez. El antiguo Ad Speculum, un campamento militar en tiempos de los romanos, es ahora un encantador pueblo antiguo ubicado en la hondonada del Jebel, que le proporciona sus manantiales y cuenta con un precioso palmeral. Su posición le confiere, además, unas vistas envidiables del Chott El Gharsa.

Es un pueblo muy tranquilo en el que los turistas se detienen para contemplar las cataratas, muy fotografiadas. Para llegar, gire a la derecha y encontrará una plataforma antes del paseo. A la pequeña cascada, a cinco minutos, se llega caminando junto al oasis o, para los más atléticos, subiendo hasta el antiguo pueblo destruido por las inundaciones y descendiendo después por el desfiladero. En la plataforma le esperan algunos bares y un mar de baratijas.

Tozeur ★★★

El sésamo del desierto, la puerta de entrada a las maravillas del Sáhara, Tozeur es una localidad turística y un campamento base rudimentario o muy lujoso, ya que abundan los hoteles de cuatro y cinco estrellas en la zona

Puerta de Tozeur.

turística, desde donde parten excursiones en 4x4 con guías bereberes cubiertos con sus turbantes de colores. Con sus 42 000 habitantes, Tozeur es la ciudad principal de la región de los lagos y no esperó al desarrollo del turismo para hacerse un nombre.

Conocida ya en tiempos de los númidas, fue la reina bereber denominada Thusuros la que ideó la construcción de los edificios con ladrillos, y de ahí el nombre de Tozeur. Se trataba de un puesto fronterizo del Imperio romano que marcaba el límite meridional de la provincia de África. En el siglo XIV, Tozeur pasó de cumplir una función de vigilancia a convertirse en una zona comercial con un mercado muy importante.

Tras este periodo de prosperidad, se vio duramente afectada por una epidemia en el siglo XV. Hoy, Tozeur es la capital administrativa de la región del Djerid y un destino turístico rico y apasionante. En cuanto abandone la calle principal repleta de tiendas y se dirija, a la izquierda, mirando hacia el oasis, hacia los barrios antiguos de la medina, descubrirá un Tozeur auténtico y secreto.

■ MEDINA DE TOZEUR ⭐⭐

La medina de Tozeur es una de las más bonitas de Túnez. Conocida como el barrio de Ouled el-Hadef, algunas de sus partes datan del siglo XIV. Aquí se adentrará en un laberinto de callejuelas estrechas con muros abovedados construidos con estos magníficos ladrillos de color arena. La medina de Tozeur está enteramente construida con estos ladrillos de arcilla moldeados a mano, cuyos diseños geométricos en relieve en las fachadas de las casas simbolizan la riqueza del propietario. Se dice que estos símbolos tienen un significado mágico

y religioso. Tómese su tiempo para pasear por sus frescas calles. Pronto se topará con una pequeña plaza utilizada antaño para «aparcar» dromedarios con elegantes puertas talladas y se detendrá en un *bortal*, un largo pasillo con techo de palmeras datileras que mantiene el aire fresco. Más adelante, reconocerá una de las numerosas mezquitas, identificable por su puerta verde. También podrá divertirse buscando los capiteles corintios y las columnas romanas de los yacimientos antiguos de los alrededores. Dar El Hadef fue la primera casa de Tozeur. Ahora está abierta al público y recorrerla le permitirá comprender mejor la historia de la medina. No está perfectamente conservada, lo que es una pena. En muchos casos, las casas de la medina de Tozeur no están ni bien conservadas ni completamente renovadas. La medina también está bastante sucia en algunas zonas. Esperemos que la actual inscripción en el Patrimonio Mundial de la Unesco garantice una mejor conservación de esta joya arquitectónica

■ MEZQUITA DE BLAD EL HADHAR (BLED EL-HADHAR) ⭐

La mezquita de Bled el-Hadhar, o Blad El Hadhar, se edificó sobre restos romanos que sirvieron de base para la construcción del minarete. Fue ampliada en el siglo XII y la fecha oficial de construcción se fijó en 1193. Aunque de menor tamaño, se asemeja a la mezquita Okba de Kairuán. Su patio está rodeado de cuatro galerías. Una nave central divide la sala de oración, desde la entrada hasta el mihrab. Como en todas las mezquitas, debe mantener la discreción y ser respetuoso.

VISITA

■ OASIS DE TOZEUR ⭐⭐

Una visita ineludible. Se trata de un oasis, no de un palmeral. Este último es un monocultivo de palmeras, mientras que en los oasis los cultivos son variados. Se trata de un cultivo en tres niveles: los productos del suelo, un segundo nivel de árboles frutales y, por último, las palmeras. El inmenso oasis de Tozeur cuenta con más de 350 000 palmeras regadas por *seguias*, una red de canales alimentados por doscientos manantiales. Este sistema de riego, desarrollado en el siglo XIII por el ingeniero Ibn Shabbat, calcula las necesidades de agua en función de los árboles y su altitud. Es un lugar con encanto, pero dado su tamaño, una visita a pie puede resultar agotadora. Se puede optar por una bicicleta o un coche de caballos. Se accede al oasis por una pequeña carretera perpendicular a la calle Abou-El-Kassel o a la calle Ech-Chabbi. La primera parada es indiscutiblemente en la Palmera del Edén, donde podrá aprender todo sobre la palmera datilera, el árbol pródigo, su historia y su ecosistema. Continuando el paseo, pasará por una aldea antes de llegar a los Jardines del Paraíso. Podrá contemplar el oasis al completo siguiendo una pista que atraviesa el palmeral y le llevará al Belvedere, un saliente rocoso al oeste de la ciudad. Tras subir unos escalones excavados en la roca, se accede a una de las vistas panorámicas más completa de Tozeur: la arena amarilla de la ciudad, el blanco del lago, el verde del palmeral... Se puede ver hasta el Sáhara. Los más afortunados incluso dormirán en el corazón del oasis.

Nefta ⭐

La carretera de Tozeur a Nefta es muy bonita. El desierto está muy cerca y la arena se funde con el cielo. Aún no es una duna, sino suelo duro y arenoso, tan árido y plano como un lago. La barrera verde a varios kilómetros de altura en el horizonte sugiere que el oasis de Nefta no está lejos. Hermana pequeña de Tozeur, Nefta tiene su propio encanto y también sus ventajas. Con sus casas de ladrillo con cúpulas, presenta una preciosa unidad arquitectónica.

Conocida por la calidad de sus alfombras y cerámicas, también cuenta con un extenso palmeral, un bonito mar de vegetación que abarca más de 1000 hectáreas. Esta área forma parte de un oasis irrigado por más de 150 manantiales. Sin embargo, el agua es cada vez más escasa y los ríos secos están abandonados.

■ OUNG JMEL ⭐⭐

Situado a 15 km de Nefta, Oung Jemel, o «cuello de camello», es famoso por haber salido en la película *La guerra de las galaxias,* en las coordenadas GPS 33° 59' 32'' N – 7° 50' 41'' en medio del Chott Garsa. El sitio le parecerá irreal. Verá el Chott el-Gharsa, una depresión salina que crea espejismos. También se encontrará con Mos Espa, la ciudad natal de Anakin Skywalker, el futuro Darth Vader, donde se rodó la primera película *de La guerra de las galaxias.* La campaña #SaveMosEspa ha contribuido a salvar los decorados de la película de quedar sepultados por el avance de las dunas, que se mueven 15 metros al año.

Chott El Djérid ⭐⭐

Este lago tan misterioso se asemeja a un inmenso mar de hielo que tiene la particularidad de no derretirse bajo

VISITA

Chott El Djérid.

el sol. Está recubierto por una gruesa capa de sal apoyada sobre una masa de barro arcilloso o arena algo aguada, y todos estos cristales que centellean y cambian de color según el juego de la luz le dan un aire mágico.

En este espejo algo polvoriento, debido a la sequedad, el principal atractivo reside en la visión de espejismos a lo lejos cuando la temperatura supera los 30 °C. Se pueden ver acantilados, oasis o grupos de casas, según la superposición de elementos.

Kebili

Kebili es la capital de la región de Nefzaoua, caracterizada por lagos como El Fedjdedj y El Djérid. Estas inmensas extensiones de agua salada, casi secas en verano, forman un paisaje predominantemente blanco, salpicado en algunos lugares por el verde de un oasis y el beige de la arena y las rocas. Como todas las ciudades de la región, Kebili debe su desarrollo a un oasis con su propio palmeral. Antaño fue un importante centro de comercio de esclavos procedentes de Sudán. Esta siniestra actividad llegó a su fin el siglo pasado, pero sigue habiendo una población africana negra relativamente numerosa en comparación con otras regiones del sur.

La ciudad, de ambiente rural, es interesante por la yuxtaposición de sus diversos componentes: ahí delante una pequeña medina al borde del palmeral, más allá un barrio que evoca la época colonial y, en el centro, una avenida llena de tiendas y cafeterías.

Sin embargo, no merece la pena detenerse. Más que nada es donde reside la gobernación de la región y el punto de paso obligado para los coches de alquiler hacia Douz.

Douz

Douz es la verdadera puerta de entrada al Sahel en el oeste de Túnez, en detrimento de Tozeur y de Nefta, con sus frondosos palmerales, e incluso de El Faouar, algo más alejado y, por tanto, más «sahariano». Y aunque es más fácil llegar a Tataouine desde Yerba o Hammamet, el desierto aquí es más remoto y rocoso. Así que se suele preferir este destino, al que es bastante fácil llegar por carreteras totalmente asfaltadas y donde se pueden dar los primeros pasos en el auténtico desierto de arena. Es una magia sin ilusión, la de las palmeras y los dromedarios sentados esperando la señal de salida ante la llamada de esta extensión infinita y extrañamente atractiva.

■ MUSEO SAHARIANO

En este atractivo museo podrá aprender mucho sobre la zona del Sáhara situada en la región de Douz. La atractiva museología le ayudará a comprender el patrimonio natural (flora y fauna) y cultural del Gran Erg Oriental, así como la vida tradicional de las cinco tribus que habitaron históricamente la región de Douz. Aprenderá mucho sobre los dromedarios, los animales esenciales de la región. En el centro del museo hay una gran tienda nómada. Es un lugar ideal para detenerse antes de salir a explorar el desierto.

Matmata

Es el pueblo troglodita más famoso del país. No se puede evitar quedar cautivado por su sencilla belleza y sus ingeniosas viviendas excavadas en la tierra. Las viviendas trogloditas se construyeron alrededor de un cráter de unos 10 metros de diámetro excavado en la tierra, normalmente, a 6 metros de profundidad. Las viviendas están distribuidas alrededor de este patio, al que se accede por un túnel lateral. Esta disposición fue perfeccionada hace siglos por los bereberes por sus propiedades isotérmicas: el emplazamiento subterráneo protege del calor en verano y del frío en invierno. Esta sucesión de cráteres en un paisaje ya de por sí accidentado crea un auténtico paisaje de ciencia ficción. De hecho, los más observadores reconocerán Matmata como el pueblo agrícola del principio de *La guerra de las galaxias*. Matmata parece dormir en la tierra, perdida en las montañas. El corazón del pueblo late al ritmo del sol y la naturaleza. Las casas que se funden con el paisaje tienen una belleza extraña y silenciosa.

Ksar Ghilane

Este oasis de 56 hectáreas solo existe desde 1956. Antes de esa fecha, solo existía un pozo de agua caliente. Situado en un pequeño afloramiento rocoso a unos 3 km del oasis y cubierto de arena, es un lugar excepcional para pasear a pie o en dromedario. El segundo punto destacado del pueblo es su manantial termal, a 35 °C todo el año, ideal para relajarse después de una excursión en 4x4, *quad* o dromedario. El manantial está rodeado de cafeterías y acogedoras tiendas de artesanía. Este oasis se ha convertido en el punto de partida de excursiones en dromedario, senderismo y rutas en 4x4 y *quad*. Es un lugar lleno de encanto, misterio y poesía. Parece un pequeño rincón de frescor y paraíso en el fuego del desierto.

INFO PRÁCTICA

Visita a Sidi Bou Saïd.
© KATIEKK – SHUTTERSTOCK.COM

INFO PRÁCTICA

Dinero

▶ **Moneda.** La moneda es el dinar tunecino, que se divide en 1000 millimes.

▶ **Cambio de divisa.** En noviembre de 2024, un euro equivalía a 3,32 dinares tunecinos, y diez dinares, a tres euros.

▶ **Coste de vida.** La comida, los restaurantes, la gasolina y los hoteles tienen precios asequibles, pero los productos importados, los coches, las habitaciones de hotel y los restaurantes lujosos son caros.

▶ **Métodos de pago.** Si se dispone de tarjeta bancaria (Visa, MasterCard, etc.), no es necesario llevar grandes sumas de dinero en efectivo. Si el comerciante no acepta su tarjeta, basta con ir a un cajero automático.

▶ **Regatear.** Es una parte fundamental de la cultura tunecina, sobre todo en los zocos, donde los comerciantes inflan los precios de los productos y le dicen con una gran sonrisa: «A usted se lo dejo más barato», o son listos y dicen: «Es gratis, pero solo la caja». Es como un juego y, a veces, incluso un deporte, en el que tiene que acercarse al precio más bajo del vendedor. Siempre hay que dividir el precio por la mitad o incluso entre cuatro. Pero tenga en cuenta que en las zonas menos turísticas y en los mercados populares no suele haber regateos: si le piden cuatro dinares por un sombrero, unas gafas de sol o una bufanda, no regatee por uno o dos dinares, ya que suele ser un precio fijo y no entenderán

que intente rebajarlo. Para disfrutar de la mejor experiencia de compra, no vaya nunca con un guía.

▶ **Propinas.** La propina no es obligatoria, ya que el servicio está incluido en el precio de las consumiciones, pero los tunecinos siempre dejan algo después de consumir. Es costumbre dársela a camareros, guías, conductores de dromedarios, etc., cuyos salarios a veces dependen principalmente de las propinas. En los restaurantes se paga alrededor del 10 %. En los hoteles, la propina está entre el 2 y el 4 % del precio de la habitación.

Equipaje

Aunque Túnez tiene fama de ser un país cálido, le recomendamos llevar un jersey: lo agradecerá en las zonas altas y en los autobuses con aire acondicionado de primera clase. En invierno, la ropa de abrigo es imprescindible. En la costa, no le vendrá mal un impermeable. En otoño y primavera, le recomendamos llevar ropa fina, pero lleve algo de lana para las noches, que pueden ser frescas y húmedas. A pesar del calor, a veces agobiante, no hay que olvidar que está en un país musulmán. Los tunecinos son tolerantes, pero sería inapropiado llevar pantalones cortos, faldas o escotes demasiado provocativos, sobre todo en el sur. Lleve ropa adecuada esté donde esté y haga el calor que haga. Los tunecinos se lo agradecerán y evitará los problemas que surgen cuando se ignoran las costumbres de los países que se visitan.

Electricidad

El voltaje es de 220 voltios en la mayor parte del país. Sin embargo, algunos hoteles y pueblos del sur siguen usando 110 voltios. En cuanto a los enchufes, son similares a los europeos.

Formalidades

Debe llevar un pasaporte válido hasta el final de la estancia, un billete de ida y vuelta o de continuación del viaje y métodos de pago suficientes para las estancias de hasta tres meses. No se exige visado para estancias inferiores a tres meses. Tenga en cuenta que si viaja con alguien que no pertenezca a la Unión Europea, debe informarse antes del viaje de si necesita un visado. Si tiene previsto viajar a Argelia desde Túnez, tenga en cuenta que el visado necesario para Argelia debe solicitarse en el consulado argelino de su lugar de residencia. El consulado argelino de Túnez o de Gafsa lo expide exclusivamente a los extranjeros residentes en Túnez. Así que realice todos los trámites en su lugar de residencia antes de viajar.

Idiomas

El árabe es la lengua oficial y la primera que hablan todos los tunecinos. El francés sigue siendo una lengua muy hablada, ya que es obligatoria en el colegio. Aunque algunos habitantes de zonas remotas no hablan francés, siguen teniendo ciertos conocimientos. El inglés, el español, el alemán y el italiano están cada vez más extendidos, pero el francés sigue siendo la lengua mayoritaria, así que no es nada difícil comunicarse en Túnez. El árabe es una lengua muy difícil que, además, se habla de forma diferente en los distintos países: un egipcio y un tunecino tienen dificultades para entenderse. No obstante, el árabe literario es común para todos los países árabes.

Cuándo ir

La mejor época para ir depende del tipo de vacaciones que busque. Ya sea turismo costero, cultural, deportivo o sahariano, cualquier tipo de vacaciones varía de un mes a otro según la temporada. De mayo a octubre, el turismo costero estará en temporada alta desde Tabarka hasta Susa: en Túnez, a principios de octubre, todavía pueden alcanzarse los 30 °C. La temporada turística continúa en Yerba. Para los amantes del turismo cultural, se celebran festivales de música por todo Túnez, sobre todo en julio y agosto. Aunque la primavera y el otoño son los periodos ideales para los circuitos culturales o deportivos (golf, submarinismo, tenis...), el invierno es la mejor época para visitar el sur de Túnez, el desierto, los oasis de montaña o para el turismo de expedición.

Salud

Aunque las condiciones sanitarias son diferentes, los peligros de viajar a Túnez son mínimos. No obstante, es aconsejable vacunarse contra la hepatitis A y comprobar que tiene las vacunas al día (DT Polio, etc.). En función de la duración de su estancia y del lugar al que se dirija, es aconsejable vacunarse contra la rabia como medida preventiva, así como contra la hepatitis B y la fiebre tifoidea. Cuando esté allí, beba siempre agua embotellada en vez de agua del grifo.

Seguridad

Túnez dista mucho de ser un país peligroso, a pesar de la situación algo inestable desde la revolución de 2011. Las zonas turísticas son tranquilas y prácticamente no hay delincuencia. Sin embargo, el Ministerio de Asuntos Exteriores desaconseja formalmente viajar al gran sur de Túnez en las fronteras con Libia y Argelia y la zona fronteriza entre Túnez y Argelia en el centro-oeste, especialmente cerca de Kasserine, Chaambi y Bou Chebka.

▶ **Turistas con discapacidad:** Túnez no está equipado como Europa para que las personas discapacitadas puedan alojarse en las mejores condiciones.

▶ **Turistas gais o lesbianas:** la homosexualidad está obviamente presente, pero no se exterioriza, se mantiene en secreto y no verá ninguna muestra en público en Túnez.

▶ **Viajar con niños:** el país es ideal para las familias y su proximidad a Europa tranquiliza.

▶ **Mujeres solas:** aunque las mujeres en Túnez tienen más libertad que en otros países musulmanes, es habitual que paren a las mujeres constantemente por la calle. Basta con rechazarlos con firmeza, pero con educación.

Teléfono

▶ **Prefijo:** +216.

▶ **Llamadas de España a Túnez:** 00 + 216 + número local de seis cifras.

▶ **Llamadas locales:** prefijo telefónico + número local de seis cifras.

QUÉ HACER / QUÉ NO HACER

En temporada alta, no olvide beber agua regularmente, a ser posible no demasiado fría y a sorbos pequeños. Antes de una excursión, acuérdese de coger agua, pero sobre todo no se olvide de hidratarse bien.

▶ **Evite,** si es posible, salir al mediodía si hace mucho calor o, al menos, protéjase adecuadamente, sobre todo porque en el sur y en el interior todo suele estar cerrado entre las 12 y las 15 h.

▶ **Aunque es bastante habitual** ver a mujeres tunecinas con camisetas de tirantes, no es aconsejable pasearse en pantalón corto o falda corta para evitar que les llamen la atención. Las parejas también deben ser discretas.

▶ **Antes de subir a un taxi,** pida siempre al conductor que ponga en marcha el taxímetro. Si se niega con la excusa de que no funciona, no dude en llamar a otro coche amarillo, que hay muchos en la ciudad.

▶ **Cuando pida indicaciones** para llegar a un sitio, los nombres de las calles no son muy útiles, ya que los lugareños rara vez los conocen. Dar el nombre del lugar al que se dirige es la mejor solución. De hecho, es bastante habitual que, si va a pie, alguien le lleve al lugar solicitado, o si va en coche, que alguien se suba a su vehículo y le indique el camino.

ÍNDICE DE CONTENIDOS

INFO PRÁCTICA

N

O

P

R

S

T

U

INFO PRÁCTICA

EDICIÓN

Coordinación de la colección:
ALHENAMEDIA, Stéphan SZEREMETA, Dominique AUZIAS y Jean-Paul LABOURDETTE
Autores: Baptiste THARREAU, Aude TROSSAT, Antoine RICHARD, Jean-Paul LABOURDETTE, Dominique AUZIAS y otros
Director editorial: Francisco BARGIELA
Editora: Elena CODINA
Traducción y corrección: Almudena RUIZ, Matías GALLEGUILLOS

DISEÑO Y DIAGRAMACIÓN

Maquetación y montaje: María de los Llanos ZOTES, Romain AUDREN, Julie BORDES, Delphine PAGANO
Iconografía y cartografía: Anne DIOT, Julien DOUCET

AUTORES Y CREADORES DE LA COLECCIÓN

Dominique AUZIAS y JEAN-PAUL LABOURDETTE
© Textos: Dominique AUZIAS y JEAN-PAUL LABOURDETTE
© Mapas: Petit Futé
© Edición en español: Alhena Fábrica de Contenidos y Petit Futé
© Traducción: Alhena Fábrica de Contenidos y Petit Futé

Editado por **Alhenamedia** conjuntamente con **Les Nouvelles Editions de l'Université,** 18, rue des Volontaires, París, Francia.
Publicado originalmente en Francés por Les Nouvelles Editions de l'Université bajo el título *Tunisie.*

■ CARNET DE VIAJE TÚNEZ ■

ALHENAMEDIA
C/ Rabassa, 54, local 1. 08024 Barcelona
Tel. +34 934 518 437
alhenamedia@alhenamedia.info
www.alhenamedia.info
Cubierta: *Mezquita de Túnez.*
© Hinkomatic - iStockPhoto.com
ISBN : 978-84-18086-67-0
Depósito legal: B-5186-2025
Impreso en España por
Gráficas Lidergraf

RECOJA Y RECICLE EL PAPEL USADO

EU Ecolabel
www.ecolabel.eu

EU Ecolabel:
PT/053/001